反共と愛国

保守と共棲する民主社会主義

藤生明
AKIRA FUJIU

中央公論新社

まえがき

二〇二四年一月、改憲派団体である日本《にっぽん》会議の田久保忠衛《ただえ》会長（享年九〇）が世を去った。旧民社党のシンクタンクだった民主社会主義研究会議（民社研）の後身、政策研究フォーラムで、機関誌『改革者』の編集担当常務理事を務めた中心メンバーだった。

日本会議は、宗教団体や社会教育団体などの「日本を守る会」（一九七四年発足）と、政財界や右派文化人らの「日本を守る国民会議」（八一年発足）が、九七年に統合した国民運動団体。初代会長に内定していた作曲家の黛《まゆずみ》敏郎が発足直前に急逝し、その後は塚本幸一（ワコール創業者）、稲葉興作（元石川島播磨重工業会長）、三好達《とおる》（元最高裁長官）と続き、田久保は二〇一五年に四代目会長に就いた。

神社や仏教、新宗教、各種団体のお歴々が集う難しい組織の運営にあって、毛色の違う民社系ジャーナリスト・学者の田久保はしがらみが少なく、会長職に打ってつけだったという。

ただ、右派・保守派運動に目を凝らすと、そうした存在感を放つのは田久保だけではない。民社党、民社研、同盟（全日本労働総同盟）にいた人々をひとまず大きく「民社系」として括ってみると、彼らが主要な役割を果たしている運動や団体は複数ある。例えば、次のようなものがあった。

憲法改正の啓発運動を繰り広げている民間憲法臨調。北朝鮮による拉致問題に取り組む、特定失踪者問題調査会。歴史記述の是正を訴えてきた、新しい歴史教科書をつくる会。祝日の正常化を掲げる、明治の日推進協議会。櫻井よしこ主宰のシンクタンクである国家基本問題研究所。核兵器廃絶・平和建設国民会議などなどである。

近年の政界のキーマンとしては、ジェンダー教育の告発で注目された山谷えり子（自民党、元拉致問題担当相）も初選挙は民社党公認だったし、稲田朋美（自民党、元防衛相）を発掘したのは民社系の高池勝彦弁護士だった。高池は稲田の後援会長である。

野党で言えば、民主党政権で防衛副大臣を務めた渡辺周（立憲民主党）は父親が民社党の結党に参加した元衆院議員で、本人も政界デビューは民社党公認の静岡県議だった。名古屋の河村たかし元市長は、もともと春日一幸《いっこう》（元民社党委員長、一九一〇〜八九）の秘書で、愛知県議選に民社党公認で立候補、落選した。

民社解党から約三〇年、同盟解散から三七年余り。党が培ってきた理念・基本政策やネットワークを引き継ぐ団体として設立された政治団体「民社協会」（川合孝典会長）が今日まで存続しているが、政界再編と世代交代の中で所属の国会議員も一〇人足らずに減少。ところが、さまざまな運動に散らばった民社系の人々に話をきくと、「民社のDNA継承」を一様に口にする。

遺伝子とは何か。彼らは共棲する保守運動をどう見ているのだろうか。新しい歴史教科書をつくる会の高池会長にそんな疑問をぶつけると意外な言葉が返ってきた。

「ぼくは社会主義者。保守とは呼ばれたくないな」

さらに保守と一括りされることにクビをかしげ、こう続けた。

「正直言えば、自民党は今だって嫌いだよ」

高池は歴戦の反共の弁護士である。その彼が言う社会主義とはマルクス主義ではない。英国労働党のような改革改良による「民主社会主義こそが正しい社会主義だ」というのが学生以来の変わらぬ思いだという。

そもそも、民主社会主義とは何か。共産主義とは違うようだが、社会民主主義とはどう違うのだろう。ライスカレーとカレーライスを例に「似て非なるものだが、結党以来三〇年、理解が進まなかった」と塚本三郎（元民社党委員長、後に自民党員、一九二七〜二〇二〇）に聞いたことがある。

民社党の「社」の字を削る党名変更が議論されたことはあったものの（第5章参照）、特に重鎮たちが民社の呼称にこだわり続けた。もう一つ付け加えるなら、新聞報道等の保守と革新という分類で革新に色分けされることを迷惑がりながらも、民社党機関誌の名は解党するまで『革新』『かくしん』『ｋａｋｕｓｈｉｎ』だった。

そんな彼らをつなぐのは「反共」。さらには、「愛国」への強いこだわりである。

結党六〇年を祝って開かれた民社ＯＢ会総会・懇親会（二〇一九年）のことだった。会は物故者黙禱《もくとう》の後、党歌斉唱へと続いた。二番の歌詞（左記）に「愛国」の二字がある。

新しき世の新しき道　わが党の力は進む
民主社会の声たからかに　今ぞなさん愛国の政治
うちたてん久遠の理想　平和こそ我らがゆくて

戦時歌謡やスポーツ応援歌を数多く残した古関裕而《こせきゆうじ》の作曲だけあって勇ましい。歌い終わると司会はこう続けた。

「今の日本で通用する詞ですよ。「愛国の政治」。今でこそ不思議ではないですが、結党当初は「愛国」という言葉だけで右翼と思われた時代です。そのとき、先輩たちがこういう歌を作ってくれた。たいへん、私は誇りに思っております」

その後、乾杯の音頭をとった塚本三郎の弁も「愛国」だった。

「民主社会主義こそ日本を救うところの「愛国の政治」だと大きく叫んで乾杯させていただきます。同志のみなさん、乾杯！」

懇親会の中盤、産経新聞元会長の熊坂隆光にも声がかかった。

「民社党は近い親戚のよう。展示（友愛労働歴史館）でもお分かりのように、産経新聞は福沢諭吉さんの『時事新報』の流れをくんでいますし、民社学同委員長をした石川水穂（元産経新聞論説委員）もいる。産経新聞の中に民社のDNAが三分の一か四分の一、あるいはもっと流れているのではと思っています」

熊坂は学生組織・民社学同（民主社会主義学生同盟、一九六七年結成）のメンバーではなかったが、司会者と同じ中央大出身で肝胆《かんたん》相照らす仲だったらしい。

そして、こんな言葉でしめくくった。「今後も、みなさんの理想とされた政治の実現、国づくりに、新聞の点から少しでもお役に立てばと思っています。産経新聞の報道の原則はこの国を愛し、国の歴史を取り戻すことですから」

筆者は朝日新聞社で右翼、右派・保守の国民運動を取材してきた社会部記者だ。フリーランスになってからもこのテーマを追っている。「右側」に関心をもったきっかけはいくつかあるが、「天皇の戦争責任」発言をした本島等長崎市長が右翼青年に銃撃された事件の直後、長崎で記者生活を始めたことが大きかったと思う。

その後、石原慎太郎元東京都知事と交流のある右派の経済人や文化人、運動家、また安倍晋三元首相を支えた神社本庁や日本会議に関心をよせてきた。そんな「保守」の取材現場で、はからずも筆者の視界に飛び込んできたのが民社系の人々だった。

この本では、彼らの「反共」「愛国」をことさらに批判するつもりはないし、賞賛する気もない。ただ、漠然とした疑問が頭を離れないのである。民社党解散から三〇年。彼らはなぜ、保守派・右派と一体化した運動の中に身を置き、活動し続けているのだろう。そもそも、彼らの奉じる民主社会主義はどんな考え方なのだろう。その思想や活動を点描することで、民社系の潮流を確認していきたい。

まずは彼らの原点、東京・芝公園そばの惟一《いいつ》館跡から話を始めようと思う。

反共と愛国　保守と共棲する民主社会主義

目次

まえがき　1

第1章　民主社会主義の系譜をたどって……17

1　キリスト教人道主義と社会運動　18
コンドル設計の惟一館を足場に／命がけの労組結成／新人会という梁山泊／無産政党の出現

2　インテリたちの彷徨　27
満洲事変勃発　社会大衆党結成／石川島で始まった産報運動／日本型企業別労働組合の源流／闘う自由主義者・河合栄治郎／「裏切り者」にされた大河内一男／革新官僚たち／共産党最高幹部の転向

3　反共の内実　40
日本社会党結党／「組合民主化」という反共／産報リーダーが組合指導者に／GHQが望んだ総評結成／社会思想研究会の結成／田久保忠衛の社思研入会／河合門下生がつくった高校教科書／中村菊男の民主社会協会／「科学と政治の会」から民社連へ

第2章　スタートでつまずいた民主社会党……59

1　三位一体――民社党、民社研、同盟　60

民主社会主義を国民の手に／拓殖大学で初の民社研全国会議／民社党の支持母体「同盟」の結成／「第二保守党」　社共からの攻撃／松下正寿を都知事選に擁立

2　公明党との遺恨　70

政権奪取への道／三島由紀夫が一目おいた民社党の学生／敵か味方か公明党の出現／目障りな存在になった公明党／言論出版妨害問題追及の出口戦略／解党時まで残った遺恨／家永訴訟と教育正常化の系譜／森戸が恐れた左右の全体主義／動き出した労働戦線統一議論

第3章　独自性を模索した先の右旋回……89

1　反共徹底の春日一幸という個性　90

共産党リンチ殺人事件の国会追及／熱烈な地元後援者・二村冨久／文学青年だった春日一幸／春日「民社研は不遜である」／「反共」旧統一教会の民社研接近／接近は民社学同、民社党にも

2　核・原発・エネルギー政策への立場　101
原子力の平和利用を訴える核禁会議／松下正寿と立教大原子炉／「東海村」と「むつ」／米スリーマイル島事故
3　保守派国民運動との共闘　106
天池清次が演説した元号法総決起集会／波紋を呼んだ宇佐美の聖寿万歳
4　自民党よりタカ派の防衛政策　111
栗栖発言と有事立法／民社党公認で参院選立候補
第4章　「行革与党」で走り抜けた1980年代……119
1　第二臨調とは何だったのか　120
中曽根が口説きおとした土光敏夫／民社系が後押しした国民運動／民社研のスター・加藤寛／中曽根に取り込まれた「中道右派」／曲がり角にきた福祉国家論／労組にとって「頼れる自民党」
2　中曽根康弘が思い描いた国鉄改革　132
「私の標榜する新保守・自由主義とは」／国鉄総裁と鉄労などが共同宣言／国労闘争団元議長から見た国鉄改革

3　教育基本法改正を狙った臨教審　141
戦後教育の弊害の根っこは教科書にあり／教育基本法改正が狙いだった臨教審
4　スパイ防止法案への意欲　146
特定秘密保護法の原型／勝田吉太郎の悲憤慷慨／勝共連合の咆哮

第5章　同盟の解散、民社党の解党――敵が消えた世界……153

1　政界再編の大波　154
共産抜きの労働戦線統一／塚本元委員長「社」の字を捨てよ／かつて日経連専務理事が党名変更提案／「社会正義の「社」だから」という郷愁／自由民主主義の「正嫡」／マルクス主義に汚染された先達たち／民社党解散・民社研は政研フォーラムに
2　民社党はなぜ最後まで伸び悩んだのか　164
「保革の線引きに振り回された」／戦後の思想戦は決着した／左翼はもはや敵にあらずのはずが
3　連合は真のナショナルセンターか　171
自民党の労組分断戦略／芳野会長の共産ぎらい／小沢流・共産党との

付き合い方／先人たちの禁句「労使協調」／紐帯たる中流を守るために

4 巨大労組に宿る民社の遺伝子 180
拉致を取りあげた塚本三郎／荒木和博が列挙した民社系の支援者たち／中心的な役割を果たすUAゼンセン／首相官邸を訪ねたUAゼンセン会長／被害者救出の国民の思いこそ／共産党議員も来た拉致被害者集会

終章 保守派との融合とこれから……………………191

1 新しい歴史教科書をつくる会の登場 192
「反『反日教科書』の国民運動を」／「ジェンダーフリー、教科書、領土は地下茎でつながっている」／つくる会事務局長に元鉄労書記長

2 盛り上がる性教育批判 198
民社党で初選挙に挑んだ山谷えり子／父は人気ラジオパーソナリティ／神政連の組織内候補で盤石

3 超党派で推進する祝日正常化運動 203
四月二九日を「昭和の日」に／「文化の日」を「明治の日」に／「昭和百年」に政府式典開催を／稲田朋美が「明治議連」幹事長／稲田が考

える「保守とは何か」

4　憲法改正運動で旗振り役に　210
民間憲法臨調のすすめ／九条二項削除などを緊急提言／美しい日本の憲法をつくる国民の会／国柄を中心に据えた憲法を

5　櫻井よしこの国家基本問題研究所　218
ニュースキャスターから保守派の顔に／意見広告「内閣総理大臣福田康夫様」／原発推進こそが日本の国益／安倍靖国参拝を促した意見広告／保守の総本山　日本会議会長に就任／田久保が期待を寄せた政治家

6　民社の遺伝子はどこへ向かうのか　226
労働運動のパワーダウンを受けて／国民民主党と民社党の距離

あとがき　233

主要引用・参考文献　239
民社系　関係年譜　245
民社党と民社協会　248
社思研／民社研・政研フォーラムを支えた人々　249

装幀　中央公論新社デザイン室

反共と愛国

保守と共棲する民主社会主義

第1章 民主社会主義の系譜をたどって

1894年３月25日、惟一館献堂式（写真提供：友愛労働歴史館）

1　キリスト教人道主義と社会運動

コンドル設計の惟一館を足場に

日本社会主義運動と労働運動の発祥の地――。

都営三田線の芝公園駅を地上に出てすぐ。芳野友子《よしのともこ》連合会長の出身母体である、ものづくり産業労働組合（JAM）本部などが入る友愛会館ビル脇には、その旨を記す案内板がある。掲げられている言葉を、適宜補いながら読み下すとこう書かれている。

一八九四年、福沢諭吉らの招聘《しょうへい》により来日した米国ユニテリアン協会《ママ》はこの地に惟一館《いいっ》（J・コンドル設計）を建設し、標語「至誠、正義、雍穆《ようぼく》（＝親睦）を掲げ、自由基督教の活動拠点とした。

一八九八年、惟一館において安部磯雄《あべいそお》（一八六五〜一九四九）らにより社会主義研究会（後の社会主義協会・社会民主党）が結成されたことにより、ここは日本社会主義運動発祥の地とされた。

一九一二年、惟一館において鈴木文治《ぶんじ》（一八八五〜一九四六）らにより友愛会（後の総同盟・同盟、現在の連合）が創立されたことにより、ここは日本労働運動発祥の地となった。

一九三〇年、総同盟は安部磯雄、賀川豊彦《かがわとよひこ》、新渡戸稲造、吉野作造らの協力をえて惟一館を買収し日本労働会館（総同盟本部）としたが、昭和二〇（一九四五）年五月の東京山の手大空襲で焼失した。

いま惟一館・日本労働会館を偲ばせるものは、「日本労働運動発祥之地」石碑横及び後に僅かに残る煉瓦塀《れんが》基礎部分と、周囲の花壇壁に再利用された煉瓦のみである。

二〇一二年八月一日　（財）日本労働会館

案内板を設置した日本労働会館は一九三一年、戦前期に穏健派の右派労働運動をリードした日本労働総同盟（総同盟）が中心となり、労働者教育などを目的に設立された財団法人（現・一般財団法人）だ。現在の友愛会館ビルには同法人が運営する友愛労働歴史館があり、戦前戦後の社会運動の資料が展示されている。案内板はビルが建て替えられた二〇一二年、その一角に設けられた。

改めて文面に目をやると、ユニテリアンというなじみのない言葉が目を引く。ユニテリアンとは一八世紀以降、英米で伸長したキリスト教の一派だ。正統派キリスト教の三位一体説《さんみ》（創造神の父なる神、子なる神イエス、聖霊は本来一体だとする根本教理）を否定し、神の単一性を訴えるとともに、イエスは神ではないと主張する。米国の場合、ハーバード大学を牙城にした合理主義と人道主義の思想的系譜で知られている。

彼らが日本で注目されたのは、文明開化の反動として西洋文化への疑問と反感が高まった一八八〇年代だった。日本に進出した他の宗派と違い、ユニテリアンは異教徒との対話に寛容だったことから、伊藤博文側近の森有礼《ありのり》や福沢らが宣教師を招聘。アーサー・メイ・ナップが一八八七年に、クレイ・マコーレーが八九年に来日した。ナップらは、日本文化を高く評価したハーバード大学卒の哲学者・美術研究者アーネスト・フェノロサの紹介もあって、日本政府要人に相次いで面会。大日本帝国憲法に「信教の自由」（二八条）を盛り込む過程で大きな影響を与えたとされる。

彼らがその地に建てたのが、一八九四年に完成したユニテリアン教会の惟一館だった。日清戦争、日露戦争に差しかかろうとする国家の転換期。内政では、工業化の進展とともに過酷・劣悪な職場環境、貧困といった社会の歪みが顕在化し、解決を求める声が労働者側で高まった時代でもあった。そうした社会背景の中、組織的な労働運動と社会主義運動が産声をあげた。双方の「発祥の地」となったのが惟一館だった。

そもそも、今日の連合（日本労働組合総連合会）を形づくる戦後労働界の二大派閥、旧総評系（官公労主体）と旧同盟系（民間労組中心）とでは、労働運動の起点をどこととらえるかからして違う。旧同盟系に連なる友愛労働歴史館の解説資料には「違い」がこう書かれている。

「日本労働運動に曙をもたらしたのは高野房太郎や片山潜らによる労働組合期成会の結成です。しかし、期成会は宣伝啓蒙団体であり、一九〇一年に解散しその運動は断絶します。今日の連合へとつながる日本労働運動の源流は一二年、ユニテリアン教会・惟一館で鈴木文治により創立された友愛会です」

高野や片山らの取り組みを労働運動と啓蒙運動のどちらとみなすかはともかく、一九〇〇年の治安警察法公布により、その試みが長続きしなかったことは確かだ。治安警察法は政治結社や労働組合の結成を取り締まる明治時代における治安立法の集大成で、社会運動弾圧に威力を発揮した。これらにより、明治期の組織的な労働組合運動は一九〇一年までにほぼ壊滅した。

前後して産声をあげた社会主義運動では、日本初の社会主義政党である社会民主党が同年の〇一年に結成されている。安部磯雄、片山潜、幸徳伝次郎（秋水）、木下尚江、西川光二郎、河上清の創立六人のうち幸徳以外はキリスト教徒だった。

ところが、社会民主党は即日結社禁止。その後の平民党、日本社会党も続かなかった。とりわけ、明治天皇暗殺を企てたとして、幸徳秋水ら一二人が処刑された大逆《たいぎゃく》事件（幸徳事件、一九一〇年）は国民を戦慄させ、明治末期の社会運動は終幕を迎えた。

命がけの労組結成

労働運動の黎明を描いた大河内一男・元東大総長の著作『暗い谷間の労働運動』（一九七〇年）は、大正元年の友愛会発会式から始まる。明治天皇崩御から二日後の一九一二年八月一日午後七時、惟一館。東大卒の元新聞記者で、キリスト教人道主義者の鈴木文治（当時二六）を中心に畳職人、機械工、塗物職人、電気工、牛乳配達人、巡査、散水作業員の計一五人が決死の覚悟でひそかに集まった。

大河内は、長く記念されるべき会合だったと高く評価し、理由をつづっている。「「大逆事件」によって過去の労働運動の指導者たちが、あるいは処刑され、あるいは囹圄《れいご》（牢屋）の人であり、あるいは逼塞韜晦《ひっそくとうかい》して鳴りを静めているさい、これら過去の運動家とはまったく無関係に、少数の善意の人々が、内心の意欲にもえて、組合運動の再出発に踏み切ったところに、友愛会の意義が存していた」

幸徳らの大逆事件から約二年。当局の監視は厳しく、労働組合結成は命がけの時代だった。座長役の鈴木は労働者の生活向上と労組結成の必要性を訴えた後、率直な思いを語った。「我々はここに組合をつくるべきだ。しかし、労働問題に対する世間の理解力は極めて乏しく、官憲の圧迫も猛烈である今日、ただちにその組織をつくることは困難である。しばらくは友誼的、共済的、研究的な団体で満足しようではないか」

全員が納得。続いて団体名の検討が始まるとかなり難航した。新元号にちなんで「大正会」、発会式の日付をとって「八一会」などの案が出たがまとまらない。そこで鈴木が提案した。曰く、英国で労組結成の自由がなかった時代、数多《あまた》のフレンドリー・ソサエティーを名乗りながら、組合建設へ歩を進めた例が少なからずある。「我々も今は隠忍して力を養うべきときだ」と話すと全員が賛成した。フレンドリー・ソサエティー、邦訳は「友愛会」とし、綱領も決まった。

我等は互いに親睦し、一致団結して、相愛扶助の目的を貫徹せんことを期す
我等は公共の理想に従い、識見の開発、特性の涵養、技術の進歩を図らんことを期す
我等は協同の力により、着実なる方法をもって、我等の地位の改善を図らんことを期す

時代の制約ゆえ、労働者の権利を守るというよりは、互いの素養向上をめざす修養団体的な色合いが強かったのはやむをえまい。救いは当時の帝大出の看板は大きく重かったことだ。鈴木の人脈で吉野作造や高野岩三郎ら多くの知名の人士の協力を取りつけ、友愛会は少しずつ信用を獲得していった。教会の中心人物である安部磯雄は職場の大学に気兼ねして名前こそ出さなかったものの、陰に陽に友愛会を支援した。友愛会は急速に発展し、創立五周年の一九一七年には会員数は二万七千人に拡大。後援者の中には財界指導者、渋沢栄一もいた。

やがて、ロシア革命、米騒動をへて、鈴木文治の個人商店的性格が強かった友愛会は、本格的な労組へ転換していく。一九一九年、大日本労働総同盟友愛会へ名称変更。翌二〇年には、「大」の

字は帝国主義的な臭いがするとして日本労働総同盟友愛会となり、二一年には「友愛会」も消えて日本労働総同盟（総同盟）になった。

その時期、総同盟が本部事務所を置く惟一館も転機を迎えていた。長年牧師を務めたマコーレーが帰国し、一九一九年にジョン・デイが着任すると、彼の目には惟一館に出入りする労働者たちは鬼っ子に映ったようだ。ロシア革命に刺激をうけて先鋭化する人々。近くの工場でストライキがあったときには、労働者が惟一館に立てこもる事件も発生。デイは警察に呼び出された。

デイは友愛会に立ち退きを要求するも、交渉は平行線をたどる。そして、話がまとまらぬまま、一九二二年、デイは離日してしまう。最終的に吉野作造や賀川豊彦、新渡戸稲造らの尽力で組合側が惟一館を買い上げたのは三一年だった（案内板には三〇年とある）。

新人会という梁山泊

友愛会が総同盟へと発展していく一九二〇年前後、戦前戦後の日本に影響を与える数多くの学者、思想家、学生、社会人らによって思想団体が数多くつくられた。東大教授、吉野作造らの啓蒙団体「黎明《れいめい》会」に影響されて一九一八年に発足した「新人会」もその一つだ。赤松克麿《かつまろ》（一八九四〜一九五五）、宮崎龍介らに、新聞記者だった麻生久《あそうひさし》が合流すると、仲間の棚橋小虎、山名義鶴、佐野学、野坂参三、岸井寿郎らが加わり、戦列は拡大。大正・昭和初期の社会運動・思想潮流をリードしていくことになった。

一、吾徒は世界の文化的大勢たる人類解放の新気運に協調し之が促進に努む

赤松克麿

一、吾徒は現代日本の合理的改造運動に従ふ

赤松が起草した新人会綱領はきわめて漠然としていた。同会はその後、学究派と実践派に志向性が分かれていき、学究派は社会思想社をつくって穏健路線を選択。一方、実践派は一九二一年の会則変更を機に学内団体「東大新人会」に転換して左翼色を強めていった。東大新人会は二八年の共産党大弾圧（三・一五事件）後、解散を命じられ、以後の運動は非合法の共産主義青年同盟に引き継がれることになった。

一〇年あまりの歴史ながら、新人会の足跡はやはり無視できない。前述の人々に加え、蠟山政道《ろうやままさみち》（一八九五～一九八〇）、三輪寿壮《みわじゅそう》、河野密《みつ》、水野成夫、志賀義雄、大宅壮一、林房雄、中野重治、竪山利忠《たてやまとしただ》（一九〇七～九三）、田中清玄、花村仁八郎ら、そうそうたる面々が名を連ねたことは社会運動史上、特記に値する。

何より、本書のテーマである「民社系」に数多の主要人物を送り出した、根っこの団体なのが重要だ。学究派の蠟山は後に民社党のイデオローグとして活躍した。また、実践派の佐野学、竪山利忠、水野成夫、田中清玄、林房雄といった人々は共産主義運動に走り、逮捕されて転向。戦後、佐野は早大教授に、竪山は拓殖大・創価大教授に、水野は産経新聞社長に、田中は右翼のフィクサーに、林は「大東亜戦争」肯定の文化人として右派運動、労働運動、文芸運動に大きな影響を与えることになった。

無産政党の出現

　さて、総同盟に話を戻そう。普通選挙が現実味を帯び、無産階級の政党の立ち上げが加速する一九二五年、総同盟の第一次分裂が起きた。鈴木文治が『労働運動二十年』（一九三一年）に記したことを整理すると次のようになる。「原因は極めて簡単明瞭である。共産党尖端分子が総同盟の有力会員を引き入れ、さらにその手引きによって細胞を植えつけ、外部の急進組合を総同盟内に誘い入れ、あわよくば総同盟の乗っ取りを策謀した結果にほかならない」

　首謀者は友愛会以来の古参会員、山本懸蔵ら。山本らは総同盟の共産化を狙い、一九二五年春に除名されると、日本労働組合評議会（評議会）を結成。後身にあたる日本労働組合全国協議会（全協）の時代を通じ、総同盟と対立した。総同盟では二六年末にも第二次分裂が起きた。執行部の「妥協なき反共」路線に疑問をいだく麻生久らが離脱。麻生らは日本労働組合同盟（組合同盟）を結成し、右派の総同盟と左派の評議会に挟まれる形で、労働運動の主導権を争うことになった。

　並行して進められようとしていた、労働者・農民による無産政党の一本化は破綻。総同盟の社会民衆党、組合同盟の日本労農党、評議会の労働農民党が三つ巴で牽制しあい、一九二八年の第一回普通選挙に突入した。結果、無産政党全体で八人が当選。社民が最も多く、安部磯雄、西尾末広（一八九一～一九八一）、鈴木文治、亀井貫一郎。労農は水谷長三郎、山本宣治。日労は河上丈太郎。九州民憲党の浅原健三といった顔ぶれだった。

　ここに戦後の革新陣営を形づくる主要な系譜と顔ぶれが国政の場に勢ぞろいした。整理しておこう。

1928年2月、普通選挙法による第1回総選挙で衆議院議員に選ばれた社民党の4人の代議士。左から、西尾末広、鈴木文治、亀井貫一郎、安部磯雄（写真提供：朝日新聞社）

○社会民衆党（社民）…総同盟の主流派を背景にした社会民衆党は一九二六年一二月五日、結党大会を東京・芝の協調会館で開いた。綱領では、①我らは勤労階級本位の政治、経済制度の建設をもって、健全な国民生活の樹立を期す②我らは資本主義の生産、分配方法には健全な国民生活を阻害するものがあると認め、合理的手段で改革を期す③我らは特権階級を代表する既成政党と、社会進化の道程を無視する急進主義の政党を排す、などとした。反共・改良主義的な政党として、無産政党の中では最も右側に位置。結党声明は安部磯雄、堀江帰一、吉野作造の連名で発表。委員長・書記長に安部・片山哲《てつ》（一八八七～一九七八）がつき、役員に鈴木文治、赤松克麿、松永義雄、西尾末広、松岡駒吉（一八八八～一九五八）らが名を連ねた。

○日本労農党（日労）…一九二六年、社会民衆党結成の動きに対抗する形で、総同盟を除名された非主流派の麻生久らと、日本農民組合の左傾に反対する三宅正一（一九〇〇～一九八二）、浅沼稲次郎（一八九八～一九六〇）らが合流。三輪寿壮らが加わった。三党の中では中道といった位置づけでスタートした。結党大会は社会民衆党に遅れること四日、二六年一二月九日だった。日本労働組合同盟と全日本農民組合の両組織を支持母体に組織拡大を図った。ただ、左右の攻勢から組織防衛に忙殺され、二八年、労農党から分かれた鈴木茂《も》三郎《さぶろう》（一八九三～一九七〇）らの無産大衆党、九州民憲党など七党が合同して日本大衆党を結成。日労党は発展的に解消した。

○労働農民党（労農）…最初の全国的統一無産政党である農民労働党の結社禁止を受けて、労働農民党は一九二六年、早大教授の大山郁夫を委員長に合法政党として再建された。事実上、日本共産党の影響下にあり、次第に先鋭化。初の普選後、田中義一内閣が共産党大弾圧に乗り出すと一五〇〇人余が検挙された。労農党と支持母体の日本労働組合評議会は翌月解散を命じられた。翌年の四・一六事件と合わせ、壊滅的な打撃を受けた。共産党から分かれた勢力は日本大衆党に合流した。

その後の合従連衡《がっしょうれんこう》は省くが、三党に原点をもつ無産政党を取り巻く環境は一九三〇年代に入り、急速に悪化していくことになる。

2　インテリたちの彷徨

満洲事変勃発　社会大衆党結成

後に「一五年戦争」とも言われた昭和の戦争。きっかけの満洲事変が起きたのは一九三一年九月一八日夜だった。鉄道が爆破され、東京朝日新聞は「奉軍が満鉄線を爆破　日支両軍戦端を開く」

と報じ、国民世論は沸騰。無産政党、労働組合もその時代と無縁ではいられなくなった。

「極左一党の盲動を蹴破し、ファッショ反動の腐蝕運動を一擲《いってき》し、無産階級解放の大旆《たいはい》（大きな旗）を高揚す」。そう宣言し、社民党と日労党系、そして労農党系の一部が大同団結したのは一九三二年の社会大衆党だった。委員長に安部磯雄、書記長に麻生久。役員に河上丈太郎、亀井貫一郎、浅沼稲次郎、片山哲、河野密、三輪寿壮らがいた。党員は無産政党として戦前最大の約七万人。四〇年までの八年間は単一無産政党時代が続くことになった。

河上丈太郎らの『麻生久伝』（一九五八年）には、分裂を引き起こす内なる敵、共産党の影が消え、「代わるものとしてファシズムの運動が社会大衆党の正面の敵として現れた」と記されている。北一輝の『日本改造法案大綱』をバイブルとする国家社会主義グループや、外来思想に強く反対する日本主義勢力が存在感を増しつつあった。

そんな思想・主義が混沌とした時代、共産主義、社民主義、国家社会主義、日本主義を一人で駆け抜けた男に赤松克麿がいる。祖父は西本願寺を指導した赤松連城。叔父に与謝野鉄幹。実妹は民社党結成メンバーの赤松常子（一八九七～一九六五）。岳父は学問の師、吉野作造という人物だ。

東大卒業後、東洋経済新報の記者を早々に辞めると総同盟の労働運動に没入した。共産党をへて社会民衆党に参加し、満洲事変の勃発後、大川周明らと日本社会主義研究所を設立。前後して、社民党内で、「社会民主主義運動は愛国運動でなければならぬ」と主張した赤松は、反共・反ファシズム・反資本主義の三反主義を掲げる片山哲、松岡駒吉ら主流派と対立。投票で敗れた赤松は一九三二年、日本国家社会党を結成している。

「一君万民の国民精神にもとづき搾取なき新日本の建設を期す」

天皇の下に日本国民は平等であるとする明治維新の理想「一君万民」を綱領に掲げ、皇道政治の徹底や資本主義機構の打破、国家統制経済の実現、アジア民族の解放などを主張。赤松は日本国家社会党で党首にあたる党務長に就いた。

ところが、翌年には日本主義へ転向。その後、松岡洋右の政党解消運動に協力し、近衛文麿の新体制運動の下、大政翼賛会が結成されると企画部長になった。戦後は公職追放となり、東京郊外の農村で晴耕雨読の日を送ったという。

戦後、鶴見俊輔らの「思想の科学研究会」がまとめた『共同研究　転向』（一九五九年）は、前期新人会の代表的な人物として赤松克麿の研究から始めている。その赤松評は「時代の気流の動きをいち早く敏感にキャッチする触覚を備えた風見鶏だった。彼は麻生久たちを指して、「現実の一歩先しか見ようとしない者たち」と揶揄《やゆ》しているが、たしかに赤松にはすぐ次の時代を見通す眼の確かさがあり、適応の素早さがあった」と記している。

転向研究はまた、雑誌『改造』（一九二九年二月号）に載った「赤松は「新人会」を出るとまず当時の極左翼に投じ、そこから一直線に極右翼にマラソンをやった人で、ちょっと珍しい型の人だ。そのマラソンは極右で行き止まりではなく、余勢に乗じてさらにブルジョアジーの陣営にまで及ぶかもしれない」という赤松評を引き、赤松のその後の人生と照合。その上で、「一九二九年という時点における発言としては、一〇年後の赤松の行き着くコースを見事に言い当てている」と結論づけた。そのとおり、彼は一九五五年、六一歳で亡くなるまで変化する状況の中で「走り」続けたのである。

石川島で始まった産報運動

赤松も傾倒した日本主義は労働運動でも猛威をふるった。戦時下での労資関係調整策として出発した産業報国運動で、先駆けとなった東京・石川島造船所の自彊《じきょう》組合は、思想家の安岡正篤《まさひろ》と連携して日本主義労働運動を標榜。天皇の下での臣民は平等だとの立場から、経営者と労働者の関係改善を訴えた。

組合長は職工、神野《かみの》信一（一八八九〜一九三三）。石川島で働き始めた頃は「マルクス主義こそは全人類を幸福と光明と平和の理想郷に導く唯一の正しき思想」と信じる左翼青年だったという。ところが、タービン技術習得でスイスに派遣された一九一九年、船旅の途中で西洋人が東洋人を小バカにしながら租界地を闊歩するのを目の当たりにし、「美しいインターナショナリズムの夢は打ち破られた」と自著に記している。

翌年帰国し、神野は次第に職工らを糾合。一九二六年、愛国的な日本主義労働運動を掲げる自彊組合を結成した。発会式には憲法学者、上杉慎吉も出席。神野はそこで総同盟などの既成労組を痛撃した。

「会社組合は資本家の鼻息をうかがい、ついには走狗となっている。御用組合に何ができるのか」

満洲事変をへて神野のギアはさらに上がり、一九三二年には軍への軍用機献納を目的にした国防献金労働協会（翌年「日本産業労働倶楽部」）を設立。運動は瞬く間に広がっていった。

一九三三年には、「誤れる外国思想におぼれ、翻訳的・猿マネ的な左翼思想にもとづく運動だ」と従来のメーデーを非難して、愛国労働祭を開催している。神野がその年に急死した後も日本主義労働運動はやまず、産業報国運動が始まると、自彊組合は率先して解散し、事業所内の産業報国会として先陣を切るなど、労資一体の職場づくりをリードしていった。

産報運動は当初、産業報国連盟として民間の体裁をとり、やがて、内務省・厚生省が直接指導する大日本産業報国会へ転換した。その流れに抗しようとしたのが松岡駒吉らだった。総同盟は産報運動が始まる二年前の一九三六年、かつて袂《たもと》をわかった河野密らの全国労働組合同盟（全労）と合流し、全日本労働総同盟（全総、松岡会長）を発足させている。日本主義労働運動への対抗が狙いだった。

ところが、日中戦争が勃発。労働組合も無産政党も「挙国一致」のかけ声の中、押しつぶされていく。すでに麻生久を中心とした社大党の主流派は親軍路線に舵を切り、日中戦争支持を表明。全総も「ストライキ絶滅」などを謳った銃後の三大運動を宣言した。

一九三八年には国家総動員法公布。先述の産業報国連盟が発足した。任意加入ではあったものの、国家の強い意思は明らかで、海員組合が日本主義労働運動へ方針転換。海員協会と合同し皇国海員同盟を結成し、社民主義右派の協議体である日本労働組合会議から脱退していった。

全総も対応が割れた。河野密、三輪寿壮ら旧全労系・社大党主流派は産業報国会への一本化を主張。松岡駒吉ら旧総同盟系は労組と産報の併存を訴えた。溝は埋まらず、全総は分裂。河野らは産報に合流し、総同盟の旧名に戻した松岡らへの政府の圧力は日増しに強まり、一九四〇年、鈴木文治発声の聖寿《せいじゅ》万歳（天皇のご長寿と皇室の弥栄《いやさか》を、といった意味）で解散の集会を締めくくり、友愛会以来の歴史の幕を閉じた。

日本型企業別労働組合の源流

「我等は国体の本義に徹し全産業一体報国の実を挙げ、もって皇運を扶翼《ふよく》し奉らむことを期す」

それら三ヵ条の綱領を掲げた大日本産業報国会は一九四〇年一一月二三日に発足した。創立宣言にはこうある。「職場は我等にとって臣道実践の道場なり。勤労は我等にとって奉仕なり、歓喜なり、栄誉なり。手段にあらずして目的なり。艱苦《かんく》欠乏何かあらん。剛健なる意志、不屈の気概、範をたれ衆を化し、塵烟《じんえん》の下、響音の裡《うち》、分を尽くし職に生き、もって皇国の弥栄を効《いた》さむ」

そうして全国の企業、事業所に産報組織がつくられ、経営者も従業員も新組織に加入した。

社会政策学者の大河内一男は産報について、「『縦の』人間関係、歓喜としての勤労、臣道実践、それはナチス的労働戦線思想と日本主義との奇妙な合成だとも言えた」と指摘。企業別・企業内組合が戦後日本で急速に拡大したことは、企業・事業所ごとに置かれた産報組織の存在抜きには語れないとした。その上で、「生涯雇用、年功的賃金、子飼い制度、常用制度、企業内福利施設といった戦前的なものは、産報組織を媒体として戦後の労使関係に接続させた点を見逃してはならない」と総括している。

戦後、占領軍が労働組合育成の方針を示し、職場の産報は看板をつけ替え、労働組合として再出発したことを考えれば納得の解説である。

ちなみに、戦前戦後で断絶しなかったのは経営システムだけではない。労働運動家・政治家の山花秀雄は終戦直後、後に総評事務局長となる高野実《みのる》とともに松岡駒吉を訪ね、組合再建を打診した際の模様を『山花秀雄回顧録』（一九七九年）に記している。松岡は打診に応じ、こう続けたという。

「条件がある。インテリだけは執行部に絶対に入れないでほしい。（中略）私は彼らに苦汁をなめさせられた。彼らは我々を裏切って行ってしまった。私はこれでも労働運動の旗は守ったつもりだ」

インテリとは河野密、菊川忠雄、上条愛一ら。軍部の圧迫にもろくも迎合したことへの恨みだった。

河野側にも言い分はある。戦後しばらくたって、現代史家、伊藤隆らにこう答えている。「当時の組合は労働争議の請負みたいなもの。争議ができなくなると組合幹部は仕事がなくなり、どう食っていくかという切実な問題が起きた」。河野なりに気をきかせ、内務官僚に松岡ら労働運動の大先輩に冷や飯を食わせてはいけない、内務省でしかるべく起用するよう働きかけたそうだ。ところが、立憲民政党の斎藤隆夫による「反軍演説」への対応をめぐって、社大党内が紛糾。分裂に至る事態と重なったこともあり、河野の「配慮」は実現しなかったという。

河野は東大法卒・弁護士の衆院議員で当然、官僚に知り合いが多くいた。それゆえ、官僚側の工作は河野らにやってくる。大蔵省の件は河野へ、物価問題は河上へと。ところが、職工出身の松岡駒吉らには官僚ルートはない。党の多くの部門をインテリの日労系が独占、両者の溝は日に日に深くなっていったという。

東大卒の鈴木文治が始めた友愛会時代から、インテリ層と職工出身者の対立は現場で、執行部内でくすぶり続けてきたとはいえ、極限状態の戦時下で互いの不信は拭いがたいものになった。終戦直後の日本社会党はその人間模様を抱えたままスタートを切ることになる。

河合栄治郎

闘う自由主義者・河合栄治郎

戦時下、時代に押しつぶされたのは象牙の塔も一緒だった。当局は共産党組織を壊滅させると、新宗教、キリスト教関係者らを狙い始め、並行して帝国大学の自由主義的な学者らにも矛先をむけた。その中に、軍部批判などで東大教授を追われ、早逝した経済学者、河合栄治郎（一八九一～一九四四）がいる。門下生らは戦後、民主社会主義の旗の下に集い、民社党の思想的な背骨となったことは後述する。

河合は東京・千住生まれ。三中（現在の両国高校）、一高、東大法科政治学科に進学。吉野作造、南原繁、蠟山政道、矢部貞治とは同じ小野塚喜平次ゼミの兄弟弟子にあたる。在学中、農商務省の『職工事情』を読んで労働問題に強い関心をもち、一九一五年に同省入省。米国留学から戻った一九年に同省をやめ、森戸事件の二〇年に東大経済学部助教授、二六年に教授昇格、社会政策講座を担当した。

河合の思想は英国労働党に近く、改良を通じて社会変革を訴えるもので、共産主義・マルクス主義を左の全体主義とみなして批判する立場をとった。そのため、マルクス主義が国内に広がった昭和前期には、文部省の求めに応じて全国の大学・高校を訪ね、学生の赤化防止のための思想善導にあたってもいる。思想善導を主に担ったのは、紀平正美《きひらただよし》ら国民精神文化研究所に集う国粋系の人々が多かったが、河合や同じく自由主義者の蠟山政道もかり出された。

しかし、河合が天皇機関説事件で美濃部達吉排撃の不当性を主張したことや、二・二六事件の直後に激しく軍部を批判したことを、赤化教授狩りに狂奔する日本主義者、蓑田胸喜《みのだむねき》らは見逃さなかった。

河合にとっては東大経済学部内の派閥争いも災いした。当時、学部には三派があり、矢内原忠雄排撃など、右翼全体主義的な土方成美《ひじかたせいび》（理論経済学・財政学）、マルクス経済学の一群をまとめる大内兵衛《ひょうえ》、河合栄治郎が各々のグループを率い、反目しあっていた。

ところが、一九三八年二月、第二次人民戦線事件の大内検挙で一角が崩れ、土方と河合との対立が激化。さらに、五月には、陸相時代に配属将校増員問題（軍教問題）で東大とやりあった過去があり、大学改革への意欲を燃やす荒木貞夫が文相につくと、河合への攻撃はいっそう強まった。『ファッシズム批判』『時局と自由主義』『社会政策原理』『第二学生生活』の四冊が発禁処分になったのである。

文部省は大学が河合を自発的に処分するよう、東大総長に要求。さらに、荒木からは総長官選化の提案もあって、対応に窮した長与又郎《ながよまたお》が体調を崩し総長任期の途中で辞任すると、代わって、海軍出身の平賀譲《ゆずる》が一九三八年暮れに総長に就任。平賀は三九年一月末、学部の教授会の決定を経ずに、土方と河合の二人をケンカ両成敗として文部省に休職処分を申し出て、学内外は大騒ぎになった。いわゆる「平賀粛学」である。

処分をめぐっては、学内自治の慣行無視、思想処分に抗議した教授や助教授、助手らが辞表を提出。経済学部は大混乱に陥った。そのとき河合に殉じたのは、経済学部教授の山田文雄、助手の木村健康《たけやす》。法学部教授の蠟山政道も処分に抗議して大学を去った。彼らは戦後、社会思想研究会や民主社会主義研究会議を通じ、民社系の人々を育成していく柱になる。

「裏切り者」にされた大河内一男

一方、平賀総長の説得で翻意し経済学部に残ったのが、講師の大河内一男と助手の安井琢磨《たくま》の二人だった。大河内は総力戦体制下、生産力理論の提唱者として生き残り、戦後は東大総長に就任。安井は世界的な近代経済学者として大成する。ただし、そのときの身の処し方で、二人は河合派の裏切り者として長く批判されることになった（安井は河合門下生と戦後に和解）。

さて、休職処分の翌月、河合は出版法第一九条にもとづき「安寧秩序をみだすもの」として起訴された。本人は、「公の場で争う機会に恵まれた」ことを喜んだと伝えられている。大審院まで争い、一九四三年六月に罰金三〇〇円が確定。その間、信条を書き綴った『学生に与う』（一九四〇年）がベストセラーになるなど、そのバイタリティは衰え知らずにみえた。ところが、「終戦後」の青年教育を構想する中、持病のバセドー病が悪化して、四四年、五三歳の若さで病没した。

門下生らが終戦後に組織した社会思想研究会（社思研）で代表理事を務めた土屋清（一九一〇〜八七）は、自著『エコノミスト五十年』（八〇年）で、河合が判決確定時にこう言ったと記している。「私の刑が罰金刑ではなく、体刑であったほうが、戦後の連合国への自分の発言を考えるとき、むしろ望ましい」。英米独を知る河合は日独の敗戦を予測し、新日本の進む道と自分の果たすべき役割に考えをめぐらせていたのだという。

戦後の右派論客として知られる渡部昇一は、日本文化会議編『日本の知識人　その系譜と役割』（一九八〇年）で興味深いことを言っている。「河合は死し、土方は追われ、残ったのは大内である。

河合の弟子はいたが、大内から見ると格が違っていた。大内は彼らの恩師と同格だったのだから。かくして戦後の日本のアカデミックな経済学の世界では、大内の思想が圧倒的になった」

　渡部はその上で、河合が大内ほどの長命だったなら、日本のインテリは三〇年早くマルキシズムの幻想から自由になっていただろうとし、「民社党的なるものが早くより第二党であったならば、保守党との政権授受も不可能ではなかったであろう」と結ぶ。

革新官僚たち

民社系へつながる戦前の人的ネットワークに昭和研究会がある。政財官、学者、ジャーナリズムの各界から多くの新進気鋭の専門家が近衛文麿のもとに集まった。
（一）憲法の枠内で国内改革にあたる（二）堕落した既成政党を排撃する（三）ファシズムに反対する、を三原則とし、軍部の専横を抑え、国内外の緊張緩和に寄与するのが当初の目的だった。ところが、世論に迎えられた近衛をもってしても、戦争へと突き進む日本の針路を変えられなかった。
　設立趣意書がまとめられた一九三六年の当初の役員は後藤隆之助、佐々弘雄、蠟山政道ら。前後して、三木清、矢部貞治、尾崎秀実《ほつみ》、三輪寿壮、笠《りゅう》信太郎、和田耕作、和田博雄、稲葉秀三《ひでぞう》、大河内一男、勝間田《かつまた》清一《せいいち》、芦田均らが加わった。並行して、戦時経済の司令塔として三七年、内閣直属の企画院が発足している。

　企画院は高度国防国家体制を目指すべく経済新体制確立要綱を立案。しかし、それが「共産主義的色彩が濃い」とする平沼騏一郎らの極右勢力や、統制経済を嫌う財界の反発を浴びる。結果、要綱を作成した調査官らが治安維持法違反容疑で捕まった「企画院事件」の事件名だけが名を残すことになった。

そのとき捕まったのは高等官の和田博雄、稲葉秀三、勝間田清一、正木千冬、佐多忠隆、和田耕作ら一七人。後に民社党衆院議員になる和田耕作は後年、雑誌『論争』（一九六三年一一月号）でこう述べている。「連座した人々はほとんど例外なく、大なり小なりマルクス主義運動の前歴を持っていたことである。きっすいの役人である和田博雄はまったくの例外だったが、正木、佐多、勝間田、稲葉、私にしても濃淡の違いはあってもそうである」

和田耕作自身、京大の学生時代は共産主義に心酔。満洲事変勃発で、左翼の反国家性に疑問をもち運動から離脱し、満鉄に入社した。やがて派遣されて企画院に勤務。逮捕時は企画院をやめて、昭和研究会で交流のあった後藤隆之助が組織局長の大政翼賛会で働いていた。

しばらくして、「翼賛会にアカがいる」という噂がたち、他人事だと聞き流していたが、企画院事件に連座してしまう。その後、獄中応召で南方戦線に投入され、そこから別件の満鉄左翼事件で移送された先でソ連の捕虜になり、五年間抑留。命からがら帰国した和田は反共反ソの闘士になっていた。

なお、終戦後、企画院事件は全員無罪（別件で一人有罪）となった。罪を問われた人の多くが、戦後の経済復興に活躍。和田博雄、勝間田、佐多は社会党の国会議員になり、勝間田は党委員長になった。正木は革新市政の鎌倉市長。稲葉は産経新聞の社長、社会経済国民会議議長などを歴任。民社研の役員を長く務めることになる。

共産党最高幹部の転向

企画院事件で検挙された人々同様、マルクス主義に一度は傾倒し、失望し、離れていった人には民主社会主義に着地した者が少なくない。入れ込み方が深かった人ほど、反共の度合いも強いように見える。中枢に近かった人となればなおさらだ。

日本共産党は一九二八年の三・一五事件、翌年の四・一六事件で壊滅的打撃をうけた。立て直しを急いだが、警察の追及は止まず、後退を余儀なくされた。追い打ちをかけたのが三三年、共産党最高幹部だった佐野学と鍋山貞親の転向声明「共同被告同志に告ぐる書」だった。コミンテルン（国際共産主義の指導組織）からの離脱と、コミンテルンに盲従する日本共産党の排撃、天皇を戴く一国社会主義建設を獄中から訴える内容だった。

東大新人会幹事長、日本共産青年同盟委員長を務めた竪山利忠は一九三〇年二月に逮捕された。佐野・鍋山の声明をうけ、天皇を中心とした一国社会主義に転向。終戦後、国鉄反共連盟の人々を指導した重要人物の一人とされる。民社研でも長く活躍した。

竪山は一九六九年、東大新人会五〇周年記念集会の席上、ヒューマニズムという言葉を使って、自らの共産党時代を振り返っている。「今から思えば、たまたまマルクス・レーニン主義が体系的な理論を我々に与えてくれた。我々の熱情とヒューマニズムがそれをとらえたというだけであって、もし他にすぐれたものがあったならば、それにまた魅せられたでしょう」

のちに総評と同盟の間で第三勢力として存在感を示した中立労連（中立労働組合連絡会議）の議長、竪山利文（一九二三〜二〇〇七）は実弟。「兄は（転向声明を出した）佐野学さんや鍋山貞親さんと何度か対話する中から新しい道を見つけたようだ。（中略）共産党は兄のことを転向派と非難するが、兄は最初からやり直したのだと思っている」と自著『遠交近攻』（二〇〇六年）につづっている。

　竪山兄弟がそうであったように、佐野・鍋山の声明のもたらしたインパクトは大きかった。声明後の一年間で獄中の五四八人が転向したとされる（『日本の労働組合一〇〇年』）。その中から戦後の右派労働運動の流れである同盟系に与《くみ》する反共の闘士が数多く現れた。佐野・鍋山・竪山は言うに及ばず、三池争議で総評・炭労に対抗した「三田村学校」の三田村四郎や、機関誌『同盟』の論客、川崎堅雄《けんお》などである。

　川崎は一九三三年夏、市谷刑務所で教誨師から佐野らの転向を知らされた。当初はとても同意できなかったものの、しばらくして転向した田中清玄、佐野学らと対面した。彼らは拍子抜けするほど明るかった。そこに知らない男が一人いた。鍋山貞親だった。「初対面の雑談で敗北転向じゃないと感じた。二回目の議論で、根にヒューマニズムがあると暗示を受けた。その後、独房で考え、彼らと行動を共にする決心をした」と川崎。転向は三三年秋だった。

　先述したとおり、中枢に近かった人ほど「転ぶ」と、反共へと大きく跳ねる。佐野、鍋山、竪山、田中、三田村、川崎……。彼らの言うヒューマニズムは、マルクス・レーニンを否定する「新しい社会主義」、民主社会主義と共振しながら、戦後、合法化された共産党と激しく衝突する。

3　反共の内実

日本社会党結党

「天皇陛下、万歳！」

敗戦直後の一九四五年九月、社会主義政党結成に向けた準備懇談会。会の終わりに皇室の弥栄を祈る聖寿万歳の発声をしたのは、世界に名の知られたキリスト者、賀川豊彦だった。招かれた歴戦の社会運動家、荒畑寒村は音頭をとる賀川に驚き、さらには、そこに集った顔ぶれにも啞然とした。愛国労働運動の大日本忠孝労働組合を率いた山崎常吉もいれば、国家社会主義者の津久井龍雄もいた。浅沼稲次郎が開会の辞で国体擁護を唱えたことにも、荒畑は開いた口がふさがらなかった。

社会党結党の端緒は一九四五年九月五日、衆院本会議終了後、西尾末広、平野力三、水谷長三郎の「結党三人男」と三宅正一ら無産政党系一三議員が衆院の一室に集まり、単一社会主義政党結成を申し合わせたことに始まる。それを受けて、九月中旬、安部磯雄、高野岩三郎、賀川豊彦が呼びかけたのが冒頭の懇談会だった。招待状には「光輝ある国体護持の下、新日本建設に挺身するには、今後における我ら国民大衆の責務なりと痛感いたし候」とあった。

連合国軍最高司令官総司令部（GHQ）が治安維持法の廃止や政治・思想犯の釈放、特高警察の解体などを命じた人権指令を発したのは一九四五年一〇月四日。天皇の人間宣言に至っては翌年元旦で、GHQの日本民主化はどこまで本気なのか、常に占領軍の鼻息をうかがわなければならなかった時代。賀川、浅沼に限らず、国体意識が色濃く残る中での出帆だった。

懇談会の後、賀川ら三長老の指名で準備会が作られた。戦前の無産政党の失敗を教訓に「間口を広く」とする声があった一方で、「この際、旧日労系の者には過去の懺悔《ざんげ》をしてもらおうじゃないか」と西尾が気色ばむ場面もあったという。英国労働党のような政党をつくろうと、一致はしたものの、実態は「反目の戦前」を抱えた呉越同舟。先々で衝突を繰り返すことになる。

ともあれ、日本社会党は一九四五年一一月二日、東京・日比谷公会堂で結成された。委員長選びはまとまらず空席のまま、書記長に片山哲。綱領に掲げたのは民主主義の確立、社会主義の断行、恒久平和の実現の三カ条だった。

一、わが党は勤労階層の結合体として、国民の政治的自由を確保し、もって民主主義体制の確立を期す。

一、わが党は資本主義を排し、社会主義を断行し、もって国民生活の安定と向上を期す。

片山哲

一、わが党は一切の軍国主義的思想、および行動に反対し、世界各国民の協力による恒久平和の実現を期す。

そこでは、社会主義の断行を宣言してはいる。が、初期の社会党の主導権は旧社民系と旧日労系が掌握していた。英語では「社会民主党」を名乗り、英国労働党を手本とした社会改良型の社会主義政党をめざすことは主流派の共通認識だった。バランスが崩れたのは一九四六年早々に始まった公職追放だった。大政翼賛会幹部、戦争犯罪容疑者、軍首脳部、軍国主義協力者らが対象となり、幣原内閣の五閣僚に加え、与党進歩党の二六〇人。さらに、自由党や社会党からも有力議員らが排除となり、政治活動を禁止された。

戦後初の衆院選（一九四六年四月）では、公職追放の影響が与党の進歩党を直撃し、自由党が一四一議席をえて第一党に躍進。四七年四月の衆院選と参院選では、両院共に社会党が第一党になり、片山哲内閣が実現した。ただ、連立の不安定さに加え、社会党内の左右対立が激化し、内閣はわずか八ヵ月で瓦解した。不信感を互いに抱きつつも、片山や西尾らと同じ社会党右派に軸足をおいた旧日労系の河野密や三輪寿壮、河上丈太郎らが公職追放の身にあったことが、万年野党という不幸の始まりだった。四九年に鈴木茂三郎が書記長となり、社会党の重心は左に大きく傾き始めるのである。

「組合民主化」という反共

終戦と同時に労働運動も再建へ動き出した。GHQによる五大改革指令の一つ、労働組合の結成奨励が追い風になった。戦前日本に整備されていなかった労働組合法、労働関係調整法、労働基準法が順次施行され、その間、一九四六年のメーデーには全国で二〇〇万人、皇居前広場には五〇万人（警察調べは二〇万人）が集まったとされる。

大日本産業報国会が一九四五年九月末で解散すると、翌月には労働運動再建の会合がもたれ、松岡駒吉らのグループが日本労働会館（旧惟一館）に事務所を置いて活動を再開した。名称を日本労働組合総同盟（総同盟）とし、会長に松岡を強く推したのは、産報運動に最後まで抗った松岡らに敬意を払った高野実らの旧全評系側だったとされる。

結成大会は一九四六年八月、神田の共立講堂。参加一六九九組合、八五万人で総同盟は再出発した。同月、共産党影響下の全日本産業別労働組合会議（産別会議、一五五万人）も発足した。階級闘争主義を掲げ、戦闘的な組織として影響力を発揮。労働界の主導権はしばらくの間、左の産別会議が握ることになった。

吉田茂首相は労働争議の指導者らを「不逞《ふてい》の輩《やから》」と年頭の辞で非難したほどの組合嫌いだった。労働側も「吉田内閣打倒」を掲げて応戦し、一九四七年二月一日にゼネスト（労働者が全国規模で団結しておこなうストライキ）を準備する中、GHQから禁止命令がでると総同盟がまず離れ、続いて産別会議も中止を決めた。総同盟と産別会議の双方が支援してきた全官公庁共闘の議長、伊井弥四郎はラジオ放送での中止発表を強制され、「一歩退却二歩前進」。涙声でアナウンスし、ゼネストは幻に終わった。

その後、共産党主導の労働運動に猛烈な反発が起きた。経済闘争が革命運動に利用されかねなかったことが批判の的となり、産別会議の内部から組合民主化を求める共産党排除の声が噴出した。後述する国鉄反共連盟（国鉄労組民主化同盟）などの運動である。

占領軍の働きかけもあって、一九五〇年七月、「共産党の組合支配と暴力革命的方針を廃する」ことを謳う日本労働組合総評議会（総評）が誕生するのだが、共産党排除を意味する「労働運動民主化」は、朝鮮戦争の勃発など、東西対立の激化と、それに伴うGHQの政策転換といった外からの圧力によるものばかりではなかった。戦中からの労資一体、反共の基盤が戦後の労働組合に引き継がれていた点は見落とせない。

産報リーダーが組合指導者に

後に同盟副会長や造船重機労連委員長を務めた金杉秀信は、終戦直後の労働組合づくりや二・一ゼネストの様子を書き残している。金杉は石川島青年学校卒。佐野学や鍋山貞親、川崎堅雄ら元共産党幹部の教えを受けた反共労働運動の若手活動家で、土光敏夫・元経済団体連合会会長（一八九六〜一九八八）と同じ石川島造船所出身。土光の信頼があつく第二次臨時行政調査会（第二臨調）の委員や、その後の臨時教育審議会（臨教審）でも委員を務めた、現代へとつながる民社系の主要人物だ。

労組結成についてこう証言している。「敗戦後、組合を立ち上げるときに活躍したのは、やはり産業報国運動をやっていた人たちです。職長だとか組長だとか、リーダーの人たちが旗を振ったらいっぺんですからね」「産業報国会のリーダーをしていた諸君は切り替えが早かった」

すでに述べたとおり、石川島造船所は産報運動の先駆だった。源流は神野信一が組織した石川島自彊組合である。石川島には戦時中も、紀元節に全従業員を集め、労饅という饅頭を配り、隊列をくんで深川の富岡八幡宮を参拝する行事が続いていた。その主要メンバーは神野以来、乃木希典《まれすけ》夫妻を祭神とする乃木神社の講（崇敬団体）で研鑽を重ねていて、戦後の労働組合結成で真っ先に動いた。

一九四五年一一月に工員組合、翌年一月に職員組合ができ、八月、工職合体の石川島労働組合が結成された。金杉は「戦後いきなり組合ができて、組合事務所なんて持っていたのは石川島ぐらい。それは戦前からの財産です」と述懐している。

占領期の終盤、日の丸の扱いが緩和されると、石川島労組は一九五〇年、メーデー中央会場の皇居前広場に日の丸を掲げて行進。翌年には、柳沢錬造委員長（後の民社党参院議員）の執行部が機関決定をしたうえで、組合旗とともに畳大の大きさの日の丸をデモ行進の先頭に掲げて、メーデー会場に乗り込んだ。

石川島を語るうえで欠かせないのは、戦時中から、憲法学者上杉慎吉ゆかりの至軒寮に金杉らが出入りしていたことだ。右翼学生集団である七生社《しちせいしゃ》出身の穂積五一《ほづみごいち》が一九三〇年代に再興した寮には、穂積と気脈を通じた元共産党幹部の川崎堅雄がおり、川崎の周りには、同じく共産党を抜けた佐野学や鍋山貞親、竪山利忠ら反共の一群がいた。

「石川島で維新運動をしていると意気込む私たちに労働運動のイロハを教えてくれた」と川崎への感謝の念を回想録で語る金杉だけでなく、後に同盟会長になる宇佐美忠信《うさみただのぶ》（一九二五〜二〇一一）や、労働戦線統一の重要な役割を果たすことになる全逓（全逓信労働組合）の宝樹《たからぎ》文彦、国鉄反共連盟の室伏憲吾、新産別の落合英一らも出入りしていたという。

教えを乞いにやってくる若手は、竪山利忠や川崎堅雄らにとってかわいくも頼もしい存在だった。松岡駒吉らの総同盟とは反共で相通ずるとはいえ、元共産党の自分たちとは運動の系譜が違う。川崎は竪山兄弟らと勤労時報社を立ち上げた心境について、後に同盟機関誌でこう述べている。

「総同盟の再建活動が進んでいた。しかし、戦前、戦中に歩んできた道が私たちとでは同じでなかったため、総同盟再建運動に参加する道は残念ながら開かれていなかった」

川崎らは他を頼らず、勤労時報社で労働運動家を育て、東芝堀川町工場へ、炭労へ、全鉱へ、三省堂労組へと、共産党から組合の主導権を奪うため反共活動家を送り込んでいった。やがて、幻の二・一ゼネストを契機に接近し、共産党転向組と総同盟は反共の旗の下、列を組むことになるのである。

ＧＨＱが望んだ総評結成

二・一ゼネスト中止後、国鉄労働者の間で左右の路線対立が激化し、国鉄反共連盟が生まれた。

星加《ほしか》要《かなめ》ら二九人の連名で出された反共宣言書（一九四七年一一月）にはこう記されている。

「親愛なる組合員諸君、愛国の情熱と理性に満ちた国民諸君　我々国鉄労働組合内の有志は過去二カ年の労働運動の体験によって、ここに反共を宣言し、同志を糾合し、固く相結んで国鉄再建のために、そして祖国日本再建のために立ち上がろうとするものである」「我々は真実を告げたい。共産党の政策および労働組合指導方針は甚だ非民主的であり、欺瞞的な社会悪の一つである。二月一日のゼネストに対する自己批判はスト偏重および政治ストに対する反省を公表したが、それは単に世人を欺くための偽装にすぎなかった。（中略）組合員の生活の安定と、国鉄再建を口実としてゼネストを画策し、組合員を犠牲にする共産党員を排撃しなければならない」

国鉄反共連盟に刺激され、職場からの共産党排除を掲げた民主化同盟（民同）などを名乗る組織が次々に誕生した。電産民同、日放労民同、全日通民同などだ。同時期、共産系の産別会議内にも民同が発足。全国産業別労働組合連合（新産別）へと発展していくのである。

ところが、共産党の労組支配とスト激発主義への反対では一致していたものの、同じ民同でありながら、反共派と容共派が組織の中に混在。その隔たりは大きかった。

一九四九年七月、東京・芝公園で、社会党執行部の共産党に対する不徹底な姿勢に反対する独立青年同盟（独青）が結成された。社会党、総同盟、国鉄民同、全繊同盟など約二〇団体から約二〇〇人が集まった。室伏憲吾や宇佐美忠信、金杉秀信ら。来賓席には松岡駒吉、社会党組織局長の浅沼稲次郎、星加要らも現れた。

独青は綱領で「我々は左右両翼の独裁思想であるファシズムとコミュニズムに対し行動的に闘争する。それが暴力と専制から民主主義を擁護する唯一の途であるからだ」と謳い、思想的には佐野学、鍋山貞親、そして労働運動論では川崎堅雄の教えをうけ、社会党左派の青年グループと対峙。党内分裂の火種となり独青自体は短命に終わったものの、後に民社党青年組織である民主社会主義青年同盟や民社党青年隊につながっていく。

朝鮮戦争開戦から半月後の一九五〇年七月、波乱要素を内包しつつ総評が結成大会を開いた。炭鉱を背景にした武藤武雄が議長に、総同盟左派の島上善五郎が事務局長に就いた。新たな産業報国会化を危惧する新産別の結成時不参加などがありながらも、公称三七七万人を擁する巨大ナショナルセンターが誕生した。

ところが、総評は時をおかずに、「国民政党か階級政党か」をめぐる社会党内の左右対立や、朝鮮戦争、対日講和といった世界情勢の中で、急速に内部対立を激化させていった。

実権を握ったのは戦前からの労農派、高野実だった。高野は早大在学中の一九二二年、共産党結成に参加。離党後は合法左翼運動を指導し、敗戦後、松岡駒吉らの総同盟再出発に加わり、リーダーの一人になった。高野が事務局長になった五一年、総評は平和四原則（再軍備反対・中立堅持・軍事基地提供反対・全面講和）を盛り込んだ行動綱領を大会で採択。前年の結成大会で明確にしていた西側の国際自由労連への加入方針を反故《ほご》にした。

巷間、「親米的なニワトリの卵と思って育てた総評が、反米的なアヒルに変貌してしまった」と評された左旋回をうけ、反共派が総評に見切りをつけるのは早かった。松岡駒吉らは一九五一年六月に総同盟を再建。第二次民主化運動の始まりだった。

国鉄民同派の星加要は一九五一年の国労大会で左派に投票で負けると、国労新生民同を旗揚げし、民主主義労働運動研究会（民労研）を結成。やがて、全国民主主義労働運動連絡協議会（民労連）、全日本労働組合会議（全労会議、五四年発足）へ改編と合同を繰り返し、左派に対抗する右派労働運動が形づくられていった。

社会思想研究会の結成

終戦直後、河合栄治郎門下の言論人、研究者らが立ち上げた社会思想研究会（社思研）については先述した。その創立趣意書には次のように記されていた。

「今や日本は十数年にわたる無謀なる戦争の結果、壊滅に近き悲境に顚落《てんらく》した。灰燼《かいじん》の中より再び立ち上がって日本国家の再建をはかることこそ吾人最大の任務である。（中略）国威発展の美名の下に個人人格の尊厳を解せざる国家本位主義、穏健中正の美辞の下に現存社会制度の温存をはからんとする保守主義は固《もと》より吾人のくみせざる所なるも、自由民権の名の下に徒《いたずら》に個人の権利のみを主張する自己中心主義、単なる破壊のための闘争を呼号する過激主義もまた吾人の排撃する所である」

発会式は一九四六年一一月一日、河合栄治郎の法廷闘争を支えた政治家・鶴見祐輔（鶴見和子・俊輔の父）の事務所で催された。

出席者は蠟山政道や、戦後しばらくして拓殖大学総長に迎えられる矢部貞治、思想事件を数多く手がけた弁護士の海野普吉《うんのしんきち》、アジア政治経済研究の板垣與一《よいち》ら約二〇人。河合の高弟である山田文雄、木村健康、土屋清、防衛大学校長になる政治学者の猪木正道、社会思想史家の関嘉彦《せきよしひこ》（一九一二～二〇〇六）らを役員に選び、会は発足した。

翌四七年四月には、関嘉彦が起草した綱領が多数決で決められた。骨子は①人間性の尊厳を重んじる、②個人の社会的自由を最大限に拡張する、③社会主義社会の実現に努力する、④民主政治を擁護する、⑤世界平和の維持に努力する、の五ヵ条。綱領は松本重治が英訳し、英国の労働党とフェビアン協会に一部ずつ送られたという。

初期の活動は著名な学者を講師に招いた社会思想史講座と、河合の未発表の講義案や裁判記録、社思研講座の速記録などの出版が会の中心だった。

ただし、民主主義の世となったとはいえ、占領下である。月報（後の機関誌『社会思想研究』）で占領軍の検閲を批判したところ、米軍の逆鱗《げきりん》にふれ、編集担当の関が「次にやったら、琉球の強制労働キャンプにたたきこむぞ」と怒鳴られたこともあったという。そんな制約が残っていた時代だったが、人々が活字に飢えていた社会状況もあり、本を出せば売れた。とりわけ、ルース・ベネディクト『菊と刀』、アーノルド・トインビー『歴史の研究』といった著作を次々に出版。研究会を支えるドル箱になったという。

田久保忠衛の社思研入会

社思研は一九七二年三月で役割を終え、後述する後発の民主社会主義研究会議（民社研）に統合されていくのだが、会報の最終号をみると、代表理事に関嘉彦と土屋清。理事にソ連経済研究の気賀《きが》健三（一九〇八～二〇〇二）、法哲学者の碧海《あおみ》純一らと並んで、後に日本会議会長になる国際ジャーナリスト、田久保忠衛らの名があった。

まえがきでも触れた田久保は一九三三年、千葉県生まれ。水戸天狗党の末裔で、そのスローガン「尊皇攘夷」から国際関係論に興味をもったのだという。新聞記者の土屋清との出会い、社思研に入った経緯を自伝『激流世界を生きて』（二〇〇七年）にこう記している。「大学三年生のときに、私は人生の方向を決めた。強烈な影響を受けた恩師は当時四〇歳代半ばで朝日新聞論説委員だった土屋清先生である」

早大の学生時代、旧制中学の仲間が国会議員秘書をしていた縁で、田久保は右派社会党の論客たちが集う勉強会に出入りするようになった。そこで会報『社会思想研究』に告知が載っていた土屋の読書会を知り、河合栄治郎の英国労働党研究について感想文を送って土屋ゼミ、社思研のメンバーに加わることが許された。時事通信社に入社した後も討論会や会報執筆・編集を手伝い、研究会が解散するまで積極的に関わり続けたという。

「私は会員として一七年、うち理事として最後の七年間かかわった。二十歳代、三十歳代で共産主義がいかにイデオロギーとして欠陥があり、人間性に反するものかをじっくり学んだ」「河合先生の教えを貫く左右の全体主義への批判が強烈であるところに各人の共通点があったと言っていい。（中略）左の勢力に対抗できる右の勢力が存在しなかった日本の戦後で左翼批判をするのは蛮勇だとの気持ちもあった」（同）。また、田久保は土屋ゼミで経済学者シュンペーターの『資本主義、社会主義、民主主義』三巻を読破したことを挙げ、それまで漠然としていた民主社会主義の考え方が土屋ゼミで完全に固まったと『社会思想研究』誌上の座談会で述べてもいる。

恩師の土屋清は一高時代から河合栄治郎が目をかけてきた俊才だった。卒業後に朝日新聞に入社し、水野成夫の引きで一九六四年に産経新聞社へ移籍した。同社では専務取締役・編集総長・論説主幹を務め、戦後日本のエネルギー政策決定などに深く関与した。田久保が最も印象に残る事案として例示しているのは、学生だった五二年、『社会思想研究』で土屋が日本の再軍備を主張したことだった。以後、防衛問題と憲法改正は田久保が追い続ける大きなテーマになった。

社思研には人材が集まった。明治大学の人口学者・吉田忠雄や、政治学者の岡野加穂留《かおる》。京大の猪木正道のグループから国際政治学者の高坂正堯《こうさかまさたか》、ロシア政治史研究の勝田吉太郎《かつだきちたろう》、ロシア東欧研究の木村汎《ひろし》らが研究会に加わった。

また、直接の河合門下ではないものの経済学者の内海洋一や木下和夫、北野熊喜男《ゆきお》。政治学者の中村菊男（一九一九〜七七）、社会思想家の武藤光朗らも参加。元会員によると、「官公庁や学者の卵がたくさんいた。社思研の「日銀支部」もあって、日銀まで会費の集金に行ったこともあった。中心が山際正道総裁で学習会にもよく出ていた」。河合門下の有力財界人、東京電力の木川田一隆《きかわだかずたか》も会の熱心な支援者だったという。

河合山脈とも評されるネットワークは戦後、門下生の旺盛な活動もあって政財官学の各界に浸透。民社党・同盟が解散してなお、民社系の「存在」に気づかされるのは、社思研の歴史抜きには考えられない。

河合門下生がつくった高校教科書

さて、機関誌の投稿欄に目をとおすと、新しい歴史教科書をつくる会の高池勝彦会長や、教科書改善運動などを報道面から支えた産経新聞社の住田良能《ながよし》元社長（一九四四〜二〇一三）らが学生時代に書いた論考もあった。本書の主眼が右派・保守運動と共棲する民社系であることをふまえると、社思研の果たした役割はやはり大きい。

社思研創設に尽力した関嘉彦の回想には、その後の教科書改善運動との関わりの一端を想起させる一文がある。

一九五七年頃、高校の社会科教科書執筆を河合門下生だけで引き受けたことがあった。哲学者の塩尻公明、社会政策研究の音田正巳《おんだまさみ》が倫理を担当。猪木正道が政治、木村健康が経済、関が社会問題の章を書き、文部省に提出した。

その後、同省から修正意見が示され、多くの指摘は適切だったが、戦後の西側と東側の対立について、河合門下生側が「民主主義対共産主義」と記した部分を、文部省の担当者は「資本主義対社会主義ではないか」と修正を求めてきたという。

窓口役の関は、英国の新聞記事に赤線を引いて説明。文部省の担当者も承諾したそうだ。だが、河合門下生が書いた教科書は、カトリック系のわずかな数の学校で採用されたのみで、出版社は大損失を被ることになったという。

関は当時の社会の空気について、著作『私と民主社会主義』（一九九八年）に記している。

「資本主義は、労働者の搾取、帝国主義的侵略と結びついた悪の代表であり、社会主義はその矛盾のない善の代表であるという、共産主義者の宣伝する歴史観が日本の社会党のみならず、善意の平和主義者の国際政治上の対応をも誤らせていた時代である。これが、西欧社会では共産主義者以外には通用しない非常識を日本人に植え付ける原因となった」

中村菊男の民主社会協会

政治学者・高橋彦博の『民社党論――その理念と体質』（一九七二年）は、民主社会主義の系譜について、「わが国において、民主社会主義なる概念を最初に導入した組織が社会思想研究会であるのか、それとも中村菊男・松本七郎などによる民主社会協会なのか、あるいは民主社会主義連盟であるとみなすべきかについては、関係者の間においても微妙な見解の相違が見られる」と述べている。民社系の有力な源流の一つとして、順を追って説明しよう。

まずは民主社会協会から。同協会は一九五〇年発足。会長は片山内閣の農相だった経済学者の波《は》多野《たの》鼎《かなえ》。顧問は大正時代の筆禍事件で東大を追われながらも、戦後に復権し同内閣で文相を務めた社会思想家の森戸辰男（一八八八〜一九八四）と蠟山政道。役員には左右社会党統一の立役者である旧日労系の三輪寿壮、民社結党時に書記長となる曽祢益《そねえき》、そして政治学者の中村菊男らがいた。民主社会主義にもとづく啓蒙活動をめざし、直接の政治活動はしないことや、労働組合・青年・婦人・学生らに呼びかけ、進歩的文化人の協力を求めること、英国労働党の指導理論であるフェビアン社会主義に注目することなどを掲げていた。

フェビアン主義とは、漸進的に資本主義の抱える矛盾を克服しつつ、社会主義の実現をはかろうとする考え方で、英国フェビアン協会が提唱した社会思想だ。大正末期、安部磯雄を中心に結成された日本フェビアン協会は二年足らずで解散。戦後になって、日本フェビアン研究所が実業家の大原総一郎や、吉田茂の経済ブレーンだった有沢広巳、稲葉秀三、和田耕作らによって創設された。稲葉と和田については企画院事件の項で先述した。

中村菊男は一九一九年、三重県生まれ。政治心理学専攻の政治学者で、慶應義塾大学助教授の四六年、衆院選三重全県区から無所属で出馬し落選。大学研究室に戻った。民社系の学統、運動において今日まで人脈を残したキーマンで、ゼミの教え子には中村勝範（一九二九〜二〇二〇）や堀江湛《ふかし》（一九三一〜二〇二〇）といった民社党ブレーンの政治学者らが多数。後述する特定失踪者問題調査会の荒木和博（元民社党書記）も中村菊男ゼミの出身者だ。

中村菊男が慶應義塾大学病院で亡くなったのは一九七七年五月。五七歳の若さだった。『改革者』は追悼特集を組んだ。民社党委員長の春日一幸、同盟会長の天池清次（一九一四〜二〇一二）、民社研議長の関嘉彦らを筆頭に、経済学者の加藤寛（一九二六〜二〇一三）や産経新聞社長の鹿内《しかない》信隆、歴代首相の指南役として知られた末次一郎、元共産党最高幹部の鍋山貞親、右派論壇『月曜評論』を主宰した工学者の桶谷繁雄《おけたにしげお》、時事通信社時代の田久保忠衛、月刊誌『自由』の石原萠記《ほうき》といった多様な人々が追悼文を寄せた。

石原は知る人ぞ知る出版文化人だった。一九五五年、西側の防共組織「国際文化自由会議」の日本駐在員になった。左右の全体主義から文化の自由を守ることが団体の目的で、その後、憲法調査会会長の高柳賢三や法哲学者の尾高朝雄、関嘉彦らが日本支部にあたる日本文化フォーラムを設立すると、事務局長に就任。後に『自由』の編集長となった。『自由』の執筆陣には、岩波文化人に不満をもつ人々が集まった。竹山道雄、木村健康、平林たい子、林健太郎、武藤光朗、福田恆存《つねあり》、西尾幹二らが精力的に執筆。新しい歴史教科書をつくる会の運動で、石原が再登場することを予告しておこう。

「科学と政治の会」から民社連へ

「科学と政治の会」を源流の一つに数える見方もある。『改革者』は一九七八年、「日本における民主社会主義の思想運動──民社連から民社研へ」を連載した。第一回は科学と政治の会。「昭和二五年一〇月、社会党の松前重義、八木秀次、竹本孫一、保守党の千葉三郎、堀木鎌三をはじめ、

（中略）科学的・合理的な民主政治を研究し普及していこうという趣旨で「科学と政治の会」が設立された」と記している。

筆者の高木邦雄（日本産業国民高等学園理事長）は、会の設立趣旨が残っておらず、推測するよりほかにないと断ったうえで、「思想団体といったものではなく、サロン的な研究と懇談のクラブだったのではないか」と書いているのだが、こちらで資料をあさっていると、東海大創立者である松前重義（一九〇一〜九一）の回想録『松前重義　わが昭和史』（一九八七年）に、「政治に科学を」という回想があった。

松前は戦前、世界最先端の新型ケーブルを発明した逓信官僚。「反東条」で目をつけられ、高官でありながら二等兵として南方戦線へと送られた経験をもつ。同書は人生の師と仰ぐ内村鑑三との出会い、教育機関の設立、政界進出、旧ソ連を中心とした民間外交といった章立てで構成。たびたび、科学と政治の会設立の思い出を語っている。

「戦後の社会党代議士時代に、同志の三輪寿壮さんらと、「政治と科学の会」を結成して「政治の科学化」に邁進《まいしん》するのだが、それは戦時中の翼賛会運動で挫折した私の夢の延長線上にある活動だった」

太平洋戦争の開戦一年前、松前は近衛文麿の新体制運動に期待して大政翼賛会総務部長に就任した。松前によれば、大政翼賛会は戦後、軍国主義擁護のための御用団体だったと理解されているが、当初は国民の力を結集して、亡国の道を突進する軍部の独裁政治を止め、日本の進路を正常化する理想と意図をもって発足したのだという。ところが、そうならなかった。

「私は科学技術を重視する政治の確立と、科学技術を中心とした合理性の上に立った純粋な政治の樹立をめざしていた。もっとも、初期の理想と目的を求めた翼賛会運動は軍部と官僚の介入によって大きくねじ曲げられていくのだが……」

そして敗戦。三輪寿壮らと会を結成する。会長は戦時技術研究の責任者だった元内閣技術院総裁、八木秀次だった。八木が開発したアンテナ技術「八木アンテナ」は日本国内では見向きもされず、皮肉なことに連合国側が索敵に応用したのだという。

「技術者よ、団結して政治力をもて」。八木は終戦時からそう訴え、公職追放が解けると自ら政界に進出した。社会党右派に属し、一九五三年の参院選で初当選。その後、憲法調査会への不参加を決めた統一社会党の方針に抗議して離党。メンバーに選ばれた憲法調査会では、「無防備・無抵抗の絶対平和主義をもって世界に範を示そうというがごときは神がかり的理想主義である」と九条改正の必要性などを訴えた。

「科学と政治の会」は米ソ全面対立をうけ、民主社会主義運動と連動した組織づくりの気運が高まると発展的に解消し、一九五一年発足の民主社会主義連盟（民社連）に合流した。民社連は河野密や河上丈太郎ら旧日労系の政治家と、学者がつくった社会党右派の団体。会長に八木秀次、理事長に蠟山政道、事務局長に波多野鼎が就いた。役員には矢部貞治、猪木正道、佐野学、鍋山貞親の名前もあった。

民社連結成の背骨になったのは、「国際共産主義は新たな帝国主義の用具である」などとした社会主義インターナショナルのフランクフルト宣言（「民主社会主義の目標と任務」、一九五一年）だった。民社連はその解説と思想普及に注力。社思研や日本フェビアン研究所、民主社会協会などが協力、運動は各界に広がりをみせた。

設立一周年大会で採択された民主社会主義綱領は、反共を前面に押し出している点が特徴だ。一部を抜粋・要約すると、「共産主義とファシズムの挑戦は欧州社会主義者の重大な反省と決意を促す機縁となった。社会主義インターナショナルの誕生はそのためである。標榜されているのはマルクス主義を根幹とする社会民主主義ではなく、新しき民主社会主義である。わが国の社会主義運動は欧州にもましてその自覚が必要であり、戦前戦後の経験から疑いをさしはさむ余地もない。その上で民主社会主義の大道を発見しえたわけである」。

ここまで民主社会党結党前史を駆け足でたどってきた。反共・防共という言葉で民社系を括ることは簡単だが、その内実は経歴を異にする人々の集合体である。第一回普通選挙の際、鼎立《ていりつ》した社会民衆党、日本労農党、労働農民党といった無産政党出身のグループに加え、戦時中、産業報国運動に押しつぶされた総同盟の流れもあれば、率先して産報運動に与しつつ、敗戦後は看板を掛け替えて民主的労働組合運動を標榜した人々の流れもある。共産党からの転向者は終戦後、総同盟に距離を置きながらもやがて合流。彼らの労働学校で学んだ反共の労組指導者たち、社思研や民社連などで新生日本の活路を民主社会主義に求めた人々が集い、国民注視の中、民社党は一九六〇年、出帆する。

第2章 スタートでつまずいた民主社会党

1960年、九段会館で開かれた民社党結党大会。
中央であいさつをするのが西尾末広（写真提供：読売新聞社）

1　三位一体——民社党、民社研、同盟

民主社会主義を国民の手に

講和条約などをめぐって左右に分かれていた日本社会党は一九五五年に再び統一する。党綱領は民社連綱領がベースになった。ところが、統一の熱気は長くは続かなかった。五九年の統一地方選と参院選の不振もあって、社会党内はまたも紛糾。西尾末広ら右派は「国際政治は力の均衡で成立し、その意味で日米安保は役立っている。安保条約は段階的に解消すべきものである」などと党執行部を批判し、やがて離党する。理論面で支えたのは、民社連が一九六〇年に看板を掛け替えた民社研であり、地方組織や職域をまとめたのが同盟に収斂《しゅうれん》されていく右派労働運動だった。

両者に支えられた西尾新党は一九六〇年一月二四日、東京・九段会館で結党大会を開いた。朝日新聞の当日夕刊にはこんな見出しが躍った。

「『民主社会党』発足す／党首に西尾氏選出／反共、議会主義めざす／五年以内に政権担当」

西尾派を中心に河上派の一部、水谷派が合流し、次の宣言を採択した。なお、党名は「勤労国民党」も有力候補だったものの、結党の約一ヵ月前に民主社会党に決定。正式名称が「民社党」に改まるのは一九六九年である。

《結党宣言》　多年にわたる保守党の腐敗政治と、社会党の容共化に不満をもち、幻滅を感じた国民の、待望してやまなかった民主社会主義新党は、本日ここに結成をみた。新党は、その綱領

に明らかにしているとおり、民主社会主義の理念に基づき、資本主義を根本から改め人間性を解放し、共産主義に反対し、倫理を基礎に個人の自由と平等による社会を実現するものである。

新党は、左右のイデオロギーに基づいた独裁を排除し、今日わが国政治をゆがめている、多数横暴と少数暴力を是正し、議会制民主主義を守り、漸進的に社会主義を実現することを目標とするものである。（中略）新党は、わが国民の平和への願いを尊重し、アメリカにも中ソにも偏らぬ自主独立の外交を進めて、わが国の平和と安全を保障するものである。また、国連を中心とした、話し合いと軍縮、中でも原水爆の禁止を達成し、それとともに、植民地主義や国家間の抑圧を取り除き、世界平和を打ち立てようとするものである。

我々は、世界における民主社会主義の高まりが、やがて古い体制に打ち勝って、原子力時代の新しい文明をもたらすことを確信する。このような信念に立って着実に党組織を伸ばし、一刻も早く我々の政権を樹立し、国民の期待にこたえることを誓う。右宣言する。

西尾末広

委員長に西尾末広、書記長に東急総帥・五島慶太の娘婿で元外交官の曽祢益。国会議員団長に水谷長三郎、同幹事長に春日一幸、最高顧問に元首相の片山哲。大会では、民社研の蠟山政道が「今こそ民主社会主義は少数の学者の手を離れて、国民大衆のものとならなくてはならない」と語り、全労会議の滝《たき》田《た》実《みのる》議長（一九一二〜二〇〇〇）は「新党は世論の絶大な支持の中にあるが、日常の地味な活動、選挙でこの支持をいっそう拡大してもらいたい」と祝辞を述べた。

大会で示された暫定綱領は、関嘉彦が起草。経済十大政策は土屋清、稲葉秀三が起案した。策定の事務局を担当していた永末英一（一九一八〜九四）の回想によると、国際秩序と平和の項にある「国を守るため最小限の措置を必要とする」の扱いに難渋した。ほとんどすべての党員がそれまで非武装中立の日本社会党に籍をおいていたため、中には強く抵抗する者もいた。結局、合意がえられず、暫定綱領として示すにとどまったのだという。正式な綱領は一九六二年の第四回全国大会で確定した。

綱領では、党は資本主義と左右の全体主義とに対決すること、社会主義社会の実現に努力すること、暴力革命と独裁政治には断固反対すること、階級政党ではなく国民政党であること、民社党結党に至る社会党分裂の根本原因は民主社会主義とマルクス的社会主義の思想的対立にあること、不平等を正し、全国民中産階級化、福祉国家建設を急ぐことなどを謳った。

拓殖大学で初の民社研全国会議

民主社会党結党を後押ししたのは、政治家・労組・学者との三位一体の協力関係である。同党の思想・研究団体となる民主社会主義研究会議（民社研）は一九六〇年一月九、一〇の両日、東京・拓殖大学で第一回全国会議を開催した。当時の拓殖大総長は元東大教授の矢部貞治。その矢部が招聘した教授らに元共産党幹部の豎山利忠や、後に核兵器禁止平和建設国民会議（核禁会議）議長になる大谷恵教《しげのり》らもいた。

民社研の設立を決める会場として、拓殖大はうってつけだった。その後も、大学院で矢部の指導を受けた藤渡《ふじと》辰信が民社党政策審議会をへて、拓殖大に戻った後しばらくして総長・理事長に就任してもいる。ほかにも、民社党本部書記だった遠藤浩一（一九五八～二〇一四）、荒木和博、真鍋貞樹が拓殖大教授に就任するなど、現在に至るまで拓殖大は民社系の牙城と言っていいだろう。

さて、拓殖大の茗荷谷《みょうがだに》ホールに約五六〇人が集まった。右派社会党のイデオローグで、広島大学学長の森戸辰男元文相が来賓として登壇。「民主社会主義の思想は、マルクス主義と対決しなければならない宿命にある」とし、それに対抗しうる理論を構築するよう期待するなどと述べ、民社研の門出を祝った。

その後、蠟山が「民主社会主義の課題」を、猪木正道が「二大政党と社会主義」について、稲葉秀三が「福祉国家の財政的基礎」について五〇分ずつ熱弁をふるった。日程二日目は「新しい社会主義の重点は何か」「政党と労働組合との関係はどうあるべきか」など七テーマに分かれて討議され、午後の全体会議で民社研の常設が正式に決まった。

猪木正道

趣意書にはこうある。「戦後日本における社会的政治的環境の変転の帰結として、いまや、民主社会主義を一片の社会主義思想としてでなく、現実の政治力として思想家の手から大衆とその政治家の手に渡される時期が到来した」として、議会主義の権威確立、階級対立の排除、産業構造の多元化と民主化、民主社会主義の前提である福祉国家の実現、民族的自立と国際平和への貢献など、七つの方向性を列挙している。

民社研は一九六〇年二月一三日に正式に発足し、議長は蠟山政道、事務局長は和田耕作。民社党のシンクタンクとしての役割にとどまらず、後の行政改革、教育改革、防衛力整備、憲法改正運動といった議論の際にも重要な役割を果たすことになる。

民社研は四谷塩町に事務所をおき、土屋清や猪木正道、関嘉彦、中村菊男といった人々を理事として活動を開始。関らの回想によると、東大教授、お茶の水女子大学長や国際基督教大教授を務めた蠟山政道の名声は、日本の労資の双方に浸透していて、電力会社、鉄鋼会社をはじめとする主要企業と並んで、全労会議系統の多くの労働組合が民社研の賛助会員に加入したという。

主な活動は機関誌『民主社会主義研究』（後に『改革者』と改題）の発刊。年一回の全国大会、そして月例の労働学校だった。機関誌に載った一九六六年の告知をみると、民社研労働学校は計三日間で、毎日六時間の授業が組まれ、「民主社会主義の歴史と理論」「近代的労使関係と労働組合運動」「現代の賃金理論」などのテーマに蠟山政道や加藤寛、中村菊男、中村勝範、堀江湛、林健太郎らが出講していた。受講料六〇〇〇円。申し込み殺到の大盛況で、その収入が民社研の重要な活動資金になった。ところが、第一次石油ショックの頃から学校の活況は反転していったという。「皮肉にも成功にもとづく苦境といってよい。すなわち民社研創立の頃は共産党細胞の活動に手を焼く企業の経営者や同盟系の労働組合がそれと戦う理論武装のため、全国大会や労働学校に多くの参加者を送り出した。ところが――」というのである。

一九七〇年に三代目の民社研議長になった関の回想録『私と民主社会主義』の一節にあるのだが、政治の季節は六〇年代後半に収束に向かい、環境破壊などをめぐる新しい社会課題の出現もあり、主敵としてきた職場での共産党の影響力は低下。企業も組合員も民社研の活動に熱を示さなくなり、頼りとしてきた労働学校の受講料収入は激減。さらに、民社党と民社研への寄付一本化を望む企業が増えたことも、民社研の財政逼迫《ひっぱく》に追い打ちをかけることになった。

そんな窮状に現れたのが、統一教会（現・世界平和統一家庭連合）系団体だったことは後述する。

民社党の支持母体「同盟」の結成

民社研と並び、民社党と不離一体の関係にあったのが右派労働運動だった。

全織同盟・海員組合・全映演・日放労といった四つの単産（産業別労働組合）が共同声明を出し、民労研をへて、民労連が一九五三年二月に発足したことはすでに述べた。全織同盟・海員組合・全映演は同年七月の総評大会後に相次いで脱退。民労連は総評に対抗しうる新組織づくりを進め、全日本労働組合会議（全労会議）が五四年に発足した。このとき、全労は約八四万人。総評は約三〇〇万人だった。

全労議長は全織同盟の滝田実。書記長は海員組合の和田春生《はるお》。新組織の傘下に老舗の総同盟が存在する歪《いびつ》な形態とあって、しばらくして地方での重複・競合や、会費の二重徴収といったトラブル、対外窓口をめぐるメンツの張り合いなどが表面化した。和田春生が機関誌『どうめい』（一九八七年六月号）で、「一番の問題は「総同盟をどうするか」だった」と振り返っているように、右派労働運動の一本化への神経戦が始まった。

調停役には、総同盟にもパイプのある全労傘下、海員組合の中地熊造（一九〇五～八二）が選ばれた。和田と総同盟総主事の天池清次が下交渉し、松岡駒吉の後を継いだ総同盟のドン、金正米吉《かねまさよねきち》（一八九二～一九六三）と中地が会談。合流で合意し、中継ぎ組織としての同盟会議を二年間はさんだ後、名実共に一体化することが決まった。

東京五輪が成功裏に終わったばかりの一九六四年一一月、全日本労働総同盟（同盟）は発足した。二二単産一七〇万人が結集したと発表された。初代会長には調停に汗を流した中地。書記長に天池。旧全労の滝田実が副会長・会長代理に就いた。同盟は西側諸国の労働者でつくる国際自由労連に一括加盟し、米国が世界で主導していた生産性向上運動や産業民主主義にもとづく福祉国家建設を目標にしていく、などと宣言した。

さて、右派労働運動の統一が急がれた理由には、民社党の不振もあった。結党の一九六〇年衆院選（一七人当選）、六二年参院選（四人当選）、六三年春の統一地方選で三連敗し、全労と総同盟が組織競合で争っている場合ではなくなったことを、『内閣官房調査月報』（一九六五年二月号）は右派労働運動一本化の理由の筆頭に掲げている。

初代書記長の天池清次は回想録『労働運動の証言』（二〇〇二年）で、結党時の民社党が選挙戦で敗北続きだった理由は戦術ミスにあったと語っている。例えば、池田禎治（旧福岡四区）の応援に行ったときのこと。労働組合の人は来てくれるなと露骨に距離を置かれたそうだ。候補者側にとっては、労組依存の社会党を「総評政治部」と揶揄し、それとは違う幅広な国民政党として立党した手前もある。

天池は「頭の中で、国民政党で、労働組合だけではダメだという考え方が選挙戦術の中に出ていた。一番大事な投票基盤を拒否する態度を取っているのだから当選するわけがない」と指摘する。池田は六〇年、六三年の両衆院選で落選、六七年の衆院選でようやく国会に返り咲いている。

池田禎治ばかりでなく、多くの候補者が苦しい選挙と向き合うことになった。

一九六〇年一月に結党。その月、日米安全保障条約（新安保条約）が調印され、同じ時期、三井三池炭鉱の争議が深刻化。五月の衆院本会議で新安保条約が強行採決されると、六月にはデモ隊の学生が国会構内で死亡した。条約の発効をまって岸信介首相は退陣表明。続く池田勇人首相は所得倍増を掲げ、衆院選に突入。浅沼稲次郎・社会党委員長刺殺事件で同情票が同党に集まったこともあって、新党ブームを期待した民社党は、自社両党の間に埋没。候補一〇五人を立てながら、当選者は一七人にとどまった。

「正直に言って、同盟会議の組織内候補の成績をみると、総評のそれに比べて甚だ悪い。これも数字の明示するところである」。民社党ブレーンの中村菊男は『同盟』（一九六四年三月号）でデータを挙げながら、民社党躍進には同盟会議のいっそうの協力が不可欠だと呼びかけている。

その中で、民社党を応援する同志の中にも依然としてマルクス主義の思想に取りつかれている傾向がみられると指摘。それを克服するための「労働学校」の充実を提案し、「民社党だけではとうてい不可能であるから、党と同盟会議と民社研の三者が一緒になって実施することが必要である」と訴えた。

「第二保守党」社共からの攻撃

民社党にとって独自性を広く理解してもらうことは、一九九〇年代の解党に至るまでついに解決しえない難問だった。米ソ冷戦、五五年体制、与党と野党、保守と革新、左と右といった二項対立で物事が単純化して色分けされていた黎明期の一九六〇年代にあって、民主社会主義も、福祉国家論も、条件つき日米安保肯定も、日韓条約賛成も、首長選での合従連衡も、民社党としては主体性をもって行動したのだろうに、自民党または社会党の補完勢力のように語られることがたびたびだった。

衆院別館会議室で一九六七年三月一〇日、社会党と民社党の党首討論会があった。佐々木更三社会党委員長が二月下旬、市長選の応援に訪れた京都市での記者会見で、「(自民とともに対立候補を推す)民社党は第二保守党である、第二自民党である」と発言。それに西尾末広民社党委員長が抗議したことが討論会開催の発端になった。

「今さらなぜ叱られるのか、実は不思議で仕方がない」。討論の冒頭、佐々木はそんな言葉で切り出した。一九五九年の西尾派分裂時から「第二保守党」と表現してきたとし、「むしろ、もっとひどい言葉で、西尾先輩にすまないが、脱落者、分裂主義者と申し上げてきた」と続けたのである。

一方、西尾は「民主社会主義の旗を掲げ、資本主義に代わって社会主義を実現するために民主的な手段でやるんだという、立派な反体制的な建前をとっている民社党に対して、第二保守党、第二自民党だと罵倒した。例えて言うならば、あなたは人間じゃないというほどの最大の侮辱なんです」と怒りの理由を説明。さらに、「何を今さら」という佐々木の反論にも、西尾は「分裂当時、いろんなことをお互い言った。しかし七年がたち、野党が、革新勢力が手をつないでやろうとなった。手段・方法の違いはあるけれども、同じく社会主義を実現しようとする者である、友党であると我々は考えていた。許しがたい」と憤激した。

西尾がかみついたのは、佐々木の京都での発言が、社公民の政策協定が成立し、院内で共同歩調をとると決めた翌日ではあった。それゆえの怒りもあるにはあっただろうが、両党の関係はその頃、全国各地の首長選で角を突き合わせていた上、一九六七年統一地方選のハイライトである東京都知事選をめぐっても激しく火花を散らしており、罵り合いは民社党結成時とさほど変わっていなかった。

松下正寿を都知事選に擁立

都知事選で社会党と共産党が革新統一候補としたのは、マルクス経済学者の美濃部亮吉・元東京教育大教授。民社・自民両党は核禁会議議長の松下正寿《まさとし》・元立教大総長（一九〇一～八六）を推薦し、また、公明党は創価学会幹部の海運会社経営者、阿部憲一を擁立。三つ巴の舌戦が繰り広げられ、美濃部二二〇万、松下二〇六万、阿部六〇万の得票で美濃部が当選し、初の革新都政が誕生した。

中村勝範は『改革者』（一九六七年五月号）で都知事選の敗因について、自民党との共闘に割り切れないものを感じている民社党支持の票が美濃部に流れたと指摘。加えて、長期的視野に立てば正しい選択だった自民党との連携を民社党支持層に徹底的に浸透させる努力が足りなかったとする見方を示し、都知事選を総括した。

一方、翌月号には、松下選対に詰めた後の民社党参院議員、伊藤郁男による「都知事選敗戦記」が載った。伊藤によると、鈴木俊一副知事の擁立を早々に決めていながら、党本部に決定を覆された自民党都議団の反発は大きく、シコリを残したまま選挙戦に突入。佐藤栄作首相は民社党への配慮も欠き、「政府を批判する知事には政府は協力できない」「松下は政府・自民党のお抱え候補者」と発言。佐藤の独善的な姿勢が松下のイメージにもよくない影響を与え、また、もともと自民党に強い違和感を抱いている民社党支持層を動揺させた、と回想している。

「民社党はなぜ松下支持でなければならないのか、党員および支持者に徹底させるよう努力したつもりである。具体的には告示前に全党員八割が参加する支部連単位の集会、連日のオルグ派遣、同盟オルグも各組合単組に松下支持の徹底を図った。こういう努力を無視した、中村勝範氏のような民社党への批判は当たらないということである」

2 公明党との遺恨

政権奪取への道

東京都知事選で躓《つまず》きながらも、民社党幹部は強気の姿勢を崩さなかった。なぜなら、一九六七年一月の衆院選で、七増の三〇議席獲得という結党以来の好成績を挙げていたからだった。

西村栄一（一九〇四～七一）への委員長交代があった一九六七年六月の党大会。西尾末広は「民社党の存在意義が今や広く国民各階層に浸透し、多くの国民から民社党の考え方に共感を得たことを示すもの」「次の総選挙には最低五〇人、さらにその次は一〇〇人以上を確保して、まず最大野党にのし上がる……」などと政権奪取への道筋を語ってみせた。

実際には、結党時の四〇議席を上まわることは最後までなかった民社党だが、一九七〇年代、与野党伯仲の時代に入ると政界のキャスティングボートを握ろうとし、自民党総裁選にまで手を突っ込むようになっていく。自公民路線への傾斜を試みた三代目委員長、春日一幸の強烈な個性で語ることもできようが、「第二保守党で何が悪いと開き直れ」といった主張が周囲から声高に叫ばれ始めるなど、支援者たちの求めるものが自民党的なもの、与党の政策実現力といったものに引き寄せられていった面もあったようだ。

『動向』という月刊誌があった。その一九七三年一〇月号に初代同盟会長の中地熊造のインタビュー記事「民社党よ逞《たくま》しくあれ――第二保守党けっこう、と胸を張れ」が載った。見出しのとおり、社共や報道から第二保守党と言われたっていい、「改良政党がなぜ悪い」と開き直るぐらい、民社党はたくましくあってほしい、という主張だ。中傷や誹謗に気を配りすぎて、革新的であろうとする姿が国民の目には右顧左眄《うこさべん》しているように映る。第二自民党では困るが、反自民を強調しすぎると、何でも反対の他党と違わなくなる。その点にも一工夫ほしい――。つまるところ、もはや左に阿《おもね》る必要などまったくなく、自民党と是々非々で向き合えという激励だった。

そもそも、『動向』には民社党系の学者・文化人も頻繁に登場しているくらいだから、自分たちに近しいと編集部から認定されていたのだろう。中地の檄《げき》から五年後、委員長をやめたばかりの春日一幸が経済評論家の木内信胤《のぶたね》と対談し、自民党との距離感についてこんな説明をしている。

「第二自民、第二保守と言われるけれども、国民福祉に適うならば、自民党提案にだって賛成することに何をためらうかと。政府案で悪いものには反対する、足りないものは補う。これが国民の立場にたつ是々非々の路線である」

さて、春日の先々代である西尾末広が委員長を退任した一九六〇年代後半に話を戻そう。六八年四月の『内閣官房調査月報』に若い世代の政治意識の変化にふれた分析がある。

「戦後わが国においては、「若い層ほど革新的であり、世代の交代に従って革新政党支持層が厚くなり、やがては革新政権が生まれる可能性が強い」と考えるのが常識化されていた。ところが近年、各種の世論調査などの結果には、このような常識を否定するかのような傾向が次々と現れ、人々の注目を引き始めている。すなわち最近よく耳にする「若い世代の保守化」あるいは「脱革新化」と呼ばれる傾向がそれである」

そうした議論の背景にあるデータをいくつか書き出すと、NHK(一九六七年一月調査)の政党支持率では①二〇‐二四歳は自民党支持が五七%。社会党支持が二九%。②二五‐二九歳は自民党支持が四三%、社会党支持が四〇%、と新成人層で自民党支持層が圧倒的に多いと指摘。また、平和経済計画会議(一九六四年一二月調査)の「日米安保条約に対する支持状況」で、全体では賛成四〇・八%、反対二七・三%、不明三一・七%なのに対し、年齢別でみると、二〇‐二四歳は賛成四四%、反対三二%、二五‐二九歳は賛成三五%、反対四三%という結果で、やはり、二〇代前半の安保支持層が多かったという。

大学キャンパスに限れば左翼全盛ではあったが、一九六七年を例にとれば、大学・短大に進学した一八歳男女の比率はわずか二割にも達していない時代だ。先鋭化する学生とは違い、いち早く社会に出た勤労青年たちは安定を志向したようだ。社会全体を見ても、建国記念の日が制定されるなど、保守化が進んだとみなされたのが一九六〇年代後半である。大学内にも「学園正常化」の旗をふる学生集団「全国学協」「日学同」などが各地で結成された。その一つに、日本民主社会主義学生同盟(民社学同)がある。

三島由紀夫が一目おいた民社党の学生

民社学同は学生運動がより暴力化するきっかけになった第二次羽田事件前日の一九六七年一一月一一日、「破壊と革命の学生運動から創造と改革の学生運動へ」をスローガンに友愛会館で結成された。マルクス主義学生運動との対峙を自らの使命とした。初代委員長の柴田光広は慶應大加藤寛ゼミ生である。

結成趣意書を一部抜粋する。

「我々は宣言する。祖国への憂いと社会主義への情熱が我々を起ち上がらせた。危機の中に我々は生まれる。自由と民主主義を守るため、学園の自治と学問の自由を守るため、学生に民主社会主義思想を広めるため、日本に民主社会主義を実現するため、全国に散在する同志を結集して、今ここに我々は起ち上がる。暴力に代えるに秩序をもち、不信に代えるに信頼をもち、憎悪に代えるに友愛をもち、革命に代えるに改革をもって、我々は日本の学生運動に乗り込むことを決意する」

民主社会主義の研究サークルを束ねる民主社会主義研究学生連合会（一九六一年発足）の中から、実践活動を求める学生たちが民社学同を結成した。機関紙をみると、中央大教授の武藤光朗や都立大教授の関嘉彦、慶應大教授の加藤寛といった民社研の論客が学生組織の指導にあたり、学園正常化といった取り組みを応援していたのがわかる。

加藤寛について、詳しくは第4章で論じるが、民社学同新聞（一九六九年九月二〇日号）に「現代における社会主義の意味」と題する論文を寄稿しているので、ここで紹介したい。

「民主社会主義こそ正統の社会主義である。しかし、正統争いは徒労に過ぎぬ。それよりも私は社会主義という言葉にとらわれることなく、人間疎外を回復する社会を実現しようとするのが民主社会主義のめざす社会組織だということにしよう」「日本の民主主義が、体制保守的右翼と反体制暴力左翼とによって押しつぶされそうとしている。もしそうなったら僕たちは人間疎外を回復する社会の実現は不可能になる。ここにこそ民主社会主義がまず民主主義を押しつぶそうとする圧力団体と断固闘わなければならぬ根拠がある」

加藤が寄稿した当時の民社学同委員長は、後の産経新聞論説委員、石川水穂だった。

そうした民社系の学生に関心を寄せていた人物に作家、三島由紀夫（一九二五〜七〇）もいた。三島は私兵組織「楯の会」の前身である学生集団について、「思想的許容度は、右は水戸学から、左は民社党までである」と『文化防衛論』で明言している。曰く、「既成右翼団体に属さず、又、政府与党に属さない。これらの学生に触発されて、私は又、三つの大学でティーチ・インを試み、学生の質問に答えた」と最晩年、早大や一橋大、茨城大で学生との討論に力点をおいた経緯にふれている。

なお、楯の会初代学生長の早大生、持丸博《もちまるひろし》は水戸一高時代に、平泉澄《ひらいずみきよし》の高弟である水戸学研究者の名越《なごや》時正宅に寄宿した人物だった。

民社学同は、メディアや政界、学術界、労働運動に人材を送り出した。産経の石川は前述したが、同じく委員長経験者の高木啓《けい》は、民社党書記をへて区議、都議に当選。現在、自民党の衆院議員として活動している。

敵か味方か　公明党の出現

一九六〇年代後半、民社党・民社研・同盟ブロックが激しくぶつかり合ったのは共産党や社会党、総評、全共闘といった左側ばかりではなかった。都市部の中小零細企業で働く未組織労働者を糾合し、燎原《りょうげん》の火のごとく教勢をひろげた創価学会と、学会が支持母体である公明党だ。結党時、人間性社会主義を標榜。敵か味方か、両者の関係は互いへの警戒で始まり、やがて非難の応酬となり、一転、革新統一政権構想へと発展、合併論まで浮上したものの頓挫……というアクロバティックな交わりをその後みせることになった。

キーマンは、『改革者』編集長を務めた遠藤欣之助《きんのすけ》だ。遠藤が、『創価学会＝公明党と民社党～われわれはいかに対処するか』を刊行したのは一九六五年だった。公明党結成の翌年である。

遠藤は「創価学会＝公明党は保守と革新の谷間に生じた法服をまとえる「第二民社党」的な存在である」と位置づけ、その時点では敵とも味方とも明確な判断をせず、その驚異的な当選確率について考察している。

曰く、驚くべきは創価学会勢力が一九五五年に地方議会へ進出して以降、当選率はほぼ一〇〇％であること、六三年の都議選では民社党の現職九人は全員落ち、創価学会は一七人全員が当選したこと。それらを示し、遠藤は「立派な理論をもち、有名な学者に見守られて発足した民社党が過去の選挙で苦戦しているのと比べて不思議でならない。これは真剣に考えなければならない問題である」。そう自陣の奮起を促している。

そして、公明党が謳う大衆福祉社会の実現を例に挙げて、こんな読み解きをした。「創価学会に集う会員の切実な要請に応えるものは憲法問題でも核の問題でもなく、最も日常の経済生活問題こそ緊急かつ無難なものである。この限りでは、民社党は政策的に共闘することも可能ではある」。警戒も忘れなかった。創価学会のめざす王仏冥合《おうぶつみょうごう》（政教一致）が実現したケースを想定し、「正しい宗教とは日蓮正宗であるので、一元的統制の危険も出てくる」と指摘。大切なのは、公明党以上の実践活動をし、民衆の声を汲みあげることだと結んでいる。

筆者は、宗教学者の西山茂に創価学会について尋ねたことがある。

西山は「かつて（戦後の早い時期）は経済発展のパイの分け前にあずかれなかった都市の未組織労働者や中小企業主などの会員が多かったが、高度成長がおわる一九六〇年代後半頃には新中間層の入信が目立つようになった」とルーツとその後の変化を指摘。その上で、「彼らの悩みは孤独感や、どう生きればよいのかといった迷いが中心で、その結果、意識も階層も今はかなり平均化したものになっている」。

「それに二代、三代とうつり変わる中で、都会の親元を出て郊外に家を建てる。座談会（地域の信仰の集まり）に出てこない人も増えるし、お経をあげていない家庭もあるでしょう。いろんな変化の中で、以前からみれば信仰が緩くなっている面はある。ただ、創価学会は非常に柔軟で、社会の中の応用問題を解いていくというか、信仰を社会の中に合わせて「翻訳」していくのが見事なまでにうまいのです」

目障りな存在になった公明党

所得階層も平準化し、加えてF層（フレンド）と言われるシンパに広がりを見せ始めると、つまりは、民社党にとって目障りな存在へと変わった。方々で軋轢《あつれき》が起き、例えば、一九六七年の東京都知事選で、自民・民社推薦の松下正寿陣営に立正佼成会《りっしょうこうせいかい》などが加勢し、公明推薦の阿部憲一陣営と激突した。翌年には、未組織労働者を束ねる新労組「日本民主労働協議会」の設立を創価学会が提案し、労働界でも競合関係が生じかねない事態になった。両者は野党第二党の座をめぐっても激しく張り合い、民社系と公明党・創価学会は抜き差しならぬ関係になったのである。

公明党機関誌『公明』（一九六七年一二月号）と、民社研『改革者』（六八年一月号）を読み比べると、両者の言い分がわかりやすい。

『公明』で論陣を張ったのは国対委員長などを務めた浅井美幸《よしゆき》だった。立正佼成会などでつくる新日本宗教団体連合会（新宗連）と民社党の接近について、目先の利害だけで新宗連と結託していると断じ、「第二保守党か」と批判。「どうして自民党と対決せずに、そのおこぼれに与ろうとして〝自民党をも支持する〟という新宗連に媚態を呈して平然としておれるのか不思議でならない」とこき下ろした。

「北九州の市長選についで京都市長選や都知事選において、自民党候補を共同推薦したのはいったいどこの党であったのか」「民社党の唱える中道政治は、中庸というどっちつかずの中道論であり、さらに中途半端な両棲動物だと酷評する者もいる」とし、真の民主社会主義政党を自負するならば、新宗連のごとき邪悪な圧力団体と手を切れ、と迫ったのである。

一方、民社党の先鋒は法華経信者の塚本三郎だった。生前、名古屋の自宅で話を聞いたことがある。本人も強く自覚していたが、塚本ほど創価学会を毛嫌いし、また恨みを買った民社党幹部もいなかった。

塚本は『改革者』で、第二保守党との民社攻撃は社会党が投げつけたマルクス主義の借り物であり、「それでいて社会党の主張にも馴染みきれず、民社党の政策をマネることがあまりに多い」と公明党を非難。「だからといって我々は、彼らに第二民社党と悪罵したことは一度もない」などと皮肉り、「新宗連憎さのために感情的になるあまり、宗教者と公党とを取り違えているのは、単に政治に素人だからと言って許せるものではない」と対決姿勢を明確にしている。

『改革者』の特集は塚本に続いて、同盟副会長の和田春生が公明党労組を批判し、遠藤欣之助が、学会・公明党の人間性社会主義の根拠づけには、民社研の思想家の著作からの盗作が多くみられると追及。最後に、現代史研究所事務局長の上条末夫が、公明党の対象者は「都市化現象の落とし子」であり、支持層は固定的で致命的な限界があるとの見方を示し、特集を結んだ。

言論出版妨害問題追及の出口戦略

そんな諍《いさか》いの最中の一九六九年、評論家・藤原弘達の著作『創価学会を斬る』をめぐる言論出版妨害問題が起きた。竹入義勝《たけいりよしかつ》・公明党委員長の求めで、田中角栄・自民党幹事長が発刊を中止するよう著者らに圧力をかけた「事件」である。民社系にとって「そら見たことか」の心境だったのだろう。その対応は素早かった。

民社研は一九七〇年一月、抗議声明「言論・出版の自由を守るために」を発表。さらに、『改革者』の七〇年三、四月号で、塚本三郎による署名記事「公明党の選挙妨害――愛知六区」「池田大作創価学会会長を証人として喚問せよ」を相次いで掲載、大攻勢に出た。後段の記事は衆院予算委員会での塚本の追及をまとめたものだった。

一九七〇年四月の定期大会で民社党委員長の西村栄一も公明党を念頭にこう演説した。「政治を宗教の手段化する邪道を排さなければなりません。我々は、宗教の自由はあくまで尊重するが、宗教のもつ絶対主義を政治の場に持ち込むことは、民主政治を破壊するものであり、これを容認するわけには参りません。我々は、民主主義を擁護する立場から、あくまでも政教の分離は貫徹しなければならないと存じます」(『民社党十五周年史』)

ところが、西村栄一は翌々月の記者会見で、「一九七二年までに民主的革新政党の統一を実現し、七五年には革新統一政権を樹立させたい」とし、さらに翌月の会見で社会党と公明党が統一の対象であると明言。世間をアッと言わせたのである。

その経緯は中村菊男らの『西村栄一伝』（一九八〇年）に詳しい。西村は塚本らの国会での追及を敢闘賞モノだと評価しながらも、出口戦略を考えていた。書記長の佐々木良作（一九一五〜二〇〇〇）に、こう問い質《ただ》してきたという。

「公明党との闘いはいつ休戦するかの腹案をもう準備しているのか」

マスコミの批判、民社、社会、共産各党の激しい追及で公明党は四面楚歌《しめんそか》になっていた。すでに公明党書記長が反省の意を表し、党幹部が創価学会幹部との兼務をやめることを決定している。民社党の最善手はなにか。西村は概《おおむ》ねこう続けたという。

「公明党にとどめを刺すべきでないと思う。降伏した限り、わが軍営に参加させるだけの考慮を払うことが政治である。戦国時代において天下を制した武将は作戦に優れ、同時に政治家だった。だから、収め方を聞いたのだ」

委員長の腹案を問う佐々木に対し、西村はこう答えた。

「私ならば、第一に創価学会に政教分離、政党支持の自由を宣言させる。第二に、公明党は民主主義の立場に立つ革新政党としての性格をはっきりさせる。第三は、その結果として公明党は民社党の政治方針に同調する。この三点が明確になったときに闘いの矛を収める」「今後とりあえず二週間、学会や公明党の機関誌紙を点検し、もし、それらに民社党に対する批判や攻撃の文句がまったくなかったならば、公明党がわが党の方向に向かって転換してきた証拠とみていい」

四月の民社党定期大会で西村が「政治を宗教の手段化する邪道を排さなければなりません」と話

したことは前述した。その発言は批判が真意ではなく、創価学会会長池田大作への呼びかけの意味を込めていたのだと、『西村栄一伝』は明かしている。

ただ、民社党関係者が一枚岩だったわけではない。厳しい意見も残った。例えば、『改革者』(七〇年八月号)は名物企画「民子・社太郎さんの時事問答」で、「「貧すれば鈍する」か民社党」の見出しで西村構想を批判。一一月号でも、「公明党に群がる奇怪な顔ぶれ」「政教分離は偽装行為だ」を載せた。それでも、民社党と公明党は選挙協力などで距離を縮め、佐々木委員長時代の一九七九年には中道連合政権構想に両党は合意する。

解党時まで残った遺恨

そうした両党の接近とは裏腹に、民社党内には四半世紀後の新進党結成時までシコリが残った。大半の民社党国会議員が新進党に合流し、公明党との同居を選んだのに対し、塚本三郎、大内啓伍《けいご》(一九三〇〜二〇一六)の委員長経験者二人はその列には加わらなかった。

塚本は「旧公明党は全体主義政治を中心にしている、小沢一郎さんにも忠告してきたが聞き入れてくれなかった」(『改革者』一九九六年二月号)と、新進党に合流できなかった背景を説明。また、大内は「公明党との選挙協力、連立はいい。しかし、一つの政党になるのは無理だ。違いすぎる。それだけはできない」と言って新進党に入らなかった。

他にも新進党に加わらなかった民社党関係者には、拉致問題に取り組む特定失踪者問題調査会の荒木和博や、新しい歴史教科書をつくる会の遠藤浩一、民社学同委員長・民社党書記・民社党区議(東京都北区)・自民党都議、自民党都連幹事長をへて、二〇一七年に自民党衆院議員となった高木啓らがいる。

北区議時代の高木啓は『改革者』（一九九六年八月号）で、自民党入りした塚本三郎を擁護した。

「今や大事なのは「反自民」よりも、むしろ「反全体主義」だ。（中略）旧民社勢力の新進党への合流は、全国各地では温度差があるものの、マクロ的に見れば創価学会という全体主義勢力への加担にほかならない。（中略）自民党に入った塚本氏のほうが全体主義への対決姿勢を明確にしているという点で、正統な民社精神の継承者と言えるのではないか」

ソ連邦消滅で西側が「勝利」に酔いしれた一九九〇年代の世相を反映してか、自明の理だからなのか、全体主義の中の主敵であった共産主義、日本共産党への言及はそこには見当たらず、公明党を全体主義勢力と位置づけ、塚本の行動に理解を示している点が興味深い。また、よもや、痛烈に批判した公明党が一九九九年に自自公連立で自民党と組み、高木自身も二〇〇五年には自民党公認で都議選に立候補し初当選しようとはそのとき思ってもみなかったに違いない。

ちなみに、二〇二四年一〇月の第五〇回衆院選は区割り変更で、高木は東京新一二区（板橋区北部・北区）、公明党の岡本三成は新二九区（足立区西部・荒川区）からの立候補となり、いずれも当選した。従来の一二区（足立区西部・北区）は二〇〇三年の衆院選以降、自公連立の象徴的な選挙区として、自民党は公認候補を立てず、公明党の太田昭宏（二一年衆院選では岡本）を応援する協力関係を築いてきた。そうした選挙区事情にあって、高木は一七年、二一年の衆院選では比例単独に回り、当選二回。ようやく小選挙区での当選となった。

なお、高木は現在、男系による皇位継承の継続、スパイ防止法制定などを訴えている自民党議連、日本の尊厳と国益を護る会（青山繁晴代表）の事務局長として、保守派のど真ん中で活動、自民党内外で存在感を示している。

家永訴訟と教育正常化の系譜

一九六〇年代、特に後半は公の分野で「愛国心」の復権が目立った時代だ。学生運動が過激化していく一方で、社会全体で見ればナショナリズムが息を吹き返した。文部省の中央教育審議会（森戸辰男会長）は六五年に発表した「期待される人間像」の中間草案で、あるべき青少年の姿として「日本を愛する人となれ」を示し、翌六六年には戦前の紀元節に代わる祝日、建国記念の日が制定された。

司馬遼太郎が『坂の上の雲』を連載し始めたのは一九六八年。その年、政府主催の明治百年記念式典が開催された。川端康成がノーベル文学賞を受賞し、日本が国民総生産（GNP）で西側二位に躍進したのもこの年だ。翌六九年には自主憲法制定国民会議と神道政治連盟の結成、靖国神社法案の国会提出、日本文化会議系の知識人が論陣を張った『諸君』の創刊……と続いた。

思想史研究の家永三郎は明治百年に沸いた一九六八年、総評系の平和集会で、「明治百年史観は日本の歴史をのっぺらぼうな一直線の発展・栄光の歴史ととらえ、その間の起伏をほとんど無視し、すべてをバラ色に染めてしまおうとする考え方だ」と、社会を席巻するナショナリズムの高まりに強い違和感を示した。家永は言わずと知れた教科書検定違憲訴訟の当事者だ。第一次訴訟提訴の六五年から第三次訴訟の終結まで実に三十余年にわたり、「教科書」のキープレーヤーだった。

一般的に、戦後の教科書問題は一九五五年、日本民主党のパンフレット『うれうべき教科書の問題』を起点として語られることが多い。保守合同直前、中曽根康弘らが中心になって、元日教組幹部を執筆者としてパンフレットを作成。日本民主党は教科書対策特別委員会を設け、「左翼偏向教科書」の是正を求める一大キャンペーンを繰り広げた。

　戦後の教科書検定制度は一九四八年から始まった。家永執筆の高校教科書『新日本史』（三省堂）は、最初の検定（五二年）から文部当局と衝突。一つ目の裁判は、条件つき合格になった六二年・六三年度の新訂版をめぐる損害賠償請求訴訟。続く裁判は六六年度の改訂版不合格をめぐる処分取り消しを求めた行政訴訟。三つ目の裁判は八〇年度検定と八三年度改訂検定をめぐる損害賠償請求訴訟だった。家永は検定制度と運用がそもそも違憲違法であるとし、裁判では主に、教科書検定が表現の自由や学問の自由を侵害するか、教育行政は教育内容にも及ぶか、教科書検定は教育に関する不当な支配に当たるかなどが争われた。

森戸が恐れた左右の全体主義

　提訴を受けて、中国哲学研究者の宇野精一らが、一九六五年に教科書問題協議会を結成。それを包摂する形で、中教審の「期待される人間像」をまとめた高坂正顕《まさあき》らによる「教科書を守る会」が運動を拡大。七一年には高坂と同じ京都学派の高山《こうやま》岩男《いわお》が編者となり、『教科書裁判と社会科教育』を発刊し、保守派による文部省支援体制が整えられた。同書の執筆陣には天野貞祐《ていゆう》、林健太郎、弘津《ひろつ》恭輔《きょうすけ》、小田村寅二郎らに加えて、森戸辰男、気賀《きが》健三《けんぞう》といった民主社会主義を標榜する人々の名前があった。

　森戸辰男は終戦直後、教科書検定制度を導入した文相。彼は同書で、戦後の教育民主化で国定制度を廃しながら自由制度に踏み切れなかった経緯を説明している。

曰く、当時は極端な国家主義が根強く残り、そうした傾向の教科書が発行される危険があったこと、また、一九四七年の二・一ゼネストの頃に共産党指導の革命が起きかねない状況が生じたこと、教師の労働組合にも共産党が浸透してきたことなども、検定制度の必要性を認識するに十分な環境変化だったと訴えた。「帰するところ、民主主義を脅かす左右の全体主義の危険度を正しく測定して、慎重に、しかし勇気をもって断行されるべきものと私は信じています」

また、執筆陣の一人、気賀健三は自らが教科書の審査にかかわってきた経験をもとに、検定制度の正当性を訴えた。「新聞が扇動的な記事を書き、教育権は国民の手元になどと大げさな表現を使ったので、今の検定は文部省が勝手にやっているような印象を世間に与えたかの観があるが、私をしていわしむれば、現行の方法こそ、教育の責任を国民が引き受けている最も適切な方法だと言いたい」

気賀は社思研、民社研の枢要な人物で、加藤寛の師匠にあたる。社会労働運動研究所（社労研）を主宰し、著作『民主的労働運動の経済学』はマルクス主義の誤りを徹底批判、左翼論破のための二三にも及ぶ一問一答を掲載するなど、気賀の反共への思い入れの強さがうかがいしれる。彼は後の一九八〇年代に教科書正常化国民会議を発足させ、会長を務めた。

家永訴訟や教科書をめぐる諸問題はその後、自民党、神社などの保守勢力に加え、全日本教職員連盟（全日教連）などへも教育正常化の重要事案として引き継がれていった。「反日教組」の流れにも触れておきたい。

日本教職員組合（日教組）が発足したのは一九四七年。総評結成後は組合員五〇万人を擁する最大労組として存在感を示し、「教え子を再び戦場に送るな」は、戦後平和運動の象徴的なスローガンになった。日教組が席巻した教育現場で、反日教組の先陣を切ったのが、日本教職員団体連合会（教団連、五七年設立）だった。教団連は同じく反日教組を掲げる団体と合流し、全国教職員団体連合会（全教連）が六二年に発足している。

「革命勢力と偏向教育に対決し教育正常化を図る」として、組織は拡大。ところが、同盟系の全官公加盟を望む山口県組織が分派活動をした、との理由で除名となり、一九六五年に事実上分裂。残った栃木と徳島を中心にしたグループが六六年に日本教職員連合会（七〇年に日本教職員連盟、ともに略称「日教連」）を、もう一方の山口と若干の各県単組が六八年、日本新教職員組合連合（新教組）を結成した。

新教組は東京の友愛会館に事務所を置き、一九六九年に全官公、七二年には同盟へ加盟。民社党の『革新』（八〇年二月号）で、書記長の石丸弘宣は「新教組は民社党。他の反日教組団体は自民党支持が多い」と答えているのだが、その一つ、自民党色の強い日教連と、石丸らの新教組は八四年、「美しい日本人の心を育てる教職員団体の創造」をスローガンに大同団結した。新組織「全日本教職員連盟」は後述するとおり、歴史教育の見直しや国旗国歌法制定、教育基本法の改正などに影響力を示し続けることになる。

動き出した労働戦線統一議論

一九七〇年も近づく頃、今日の日本労働組合総連合会（連合）へとつながる労働戦線統一の動きが頭をもたげ始めた。先陣を切ったのは全逓委員長である宝樹文彦が、六七年の『月刊労働問題』二月号に書いた論文「労働戦線統一と社会党政権樹立のために」だった。

概ね次のような主張だ。「西欧・北欧諸国の労働党・社会党政府は労働戦線が統一された基礎の上に成立している。社会党政権でない国であっても、一組織に統一された労働組合組織は、政府権力に対して強大な発言力を有している。その厳然たる事実を見るにつけても、階級闘争至上主義と労使協調主義、修正主義と教条主義といった実り少ない論争は速やかに乗り越えなければならない。そして労働戦線の統一を議論すれば、社会党と民社党の再結合を期待する声があがるのは当然だ。その際、容共的な労働戦線統一はまったくありえず、共産党との共闘・提携は断ち切るべきである。我々の進める労働戦線統一が反共的な統一論であるとの観念的な批判を恐れてはならない」

連合の反共はそこから始まっている。宝樹は、竪山利忠や弟の利文、川崎堅雄らの勤労時報社に出入りしていた反共青年グループの一人。同盟の宇佐美忠信や金杉秀信、新産別および国際自由労連東京事務所の落合英一らと旧知で、共産党指導下の全逓執行部との闘争をへて、一九六〇年に全逓委員長に就いた。

宝樹論文をめぐっては、共産党が「全逓中執の「反共労働戦線統一」論を批判する」との論文を『前衛』（一九六七年九月号）に掲載。総評内からも、宝樹とそりが合わない元議長の太田薫らが猛烈に批判を浴びせている。それも織り込み済みだったのだろう、宝樹は七〇年に「二年後の労働戦線統一を」との主張を発表。同時期、同盟会長の滝田実が新聞紙上で統一の必要性を訴え、民間先行の労働運動結集を図ろうとする考え方が広がっていった。

そうした動きの背景には何と言っても「むかし陸軍、いま総評」と言われた総評の力の低下が挙げられる。加えて、宝樹論文に続くかのように一九七一年のドルショック、七三年の石油ショックがおき、日本経済が低成長期に入るなど、「労働」「産業」をめぐる内外の環境が大きく変わり出し、その変化への対応が求められたことも影響した。

風穴を開けたのが、一九七六年発足の政策推進労組会議（政推会議）だった。鉄鋼労連、合化労連、自動車総連、電機労連、電労連、ゼンセン同盟、全機金など、従来の総評、同盟、新産別・中立労連の枠組みを超えた交流組織で、経済政策・雇用・物価・税制の四項目に絞り、政府や省庁、野党、経団連・日経連に課題解決のための協力を申し入れた。この動きが民間先行の労働戦線統一へとつながっていく。

「民社党もできているのに、社会党政権樹立のために労働戦線統一とは一歩外れていると思った」。宝樹論文の発表当時の印象について、東芝労連の竪山利文は後にそう語っているのだが、政推会議ができ、労働戦線統一への道筋がぼんやりと見え始めた中、先導役を務めたのが竪山らの中立労連だった。七九年には新産別との緩やかな連合体、全国労働組合総連合（総連合）を結成して、総評と同盟の架け橋となるべく統一への道筋を引いた。

一九七二年から八〇年まで同盟会長を務めた天池清次は自著『労働運動の証言』の中で、三池争議を最後に闘争至上主義は終焉を迎え、重視されるようになったのは労使関係だったと振り返る。総同盟から同盟へと継承された伝統は労働協約、労使協議制、相互信頼を中心とした労使の協力関係で、総評側も労使協議制などを次第に導入。「労働組合主義、民間先行、国際自由労連加盟」という方針で労働界の意識が統一へ動き始めると、官公労と民間が切り離される総評は股さき状態に陥り、正面切って賛成もしないが反対もできない雰囲気になっていったという。

やがて労働界は一九八〇年代の統一へなだれ込んでいく。八〇年には、七〇年代の集大成として、民間先行方式をとる労働戦線統一推進会が発足。メンバーは、同盟の宇佐美忠信、電力労連の橋本孝一郎、自動車総連の塩路一郎、中立労連と新産別の「総連合」から竪山利文、鉄鋼労連の中村卓彦、全日通の中川豊の六人。八一年の基本構想では共産党系排除の方針を再確認。今日の連合に至るナショナルセンターの骨格が浮かび上がりつつあった。

第3章
独自性を模索した先の右旋回

1986年２月11日、「建国記念の日」を祝う式典に参加し、
あいさつする中曽根康弘首相と閣僚たち（写真提供：読売新聞社）

1　反共徹底の春日一幸という個性

共産党リンチ殺人事件の国会追及

「昨今、雑誌『文藝春秋』をはじめ、その他マスコミを通じ報道され、現に深刻な国民的疑惑を呼び起こしている、いわゆるリンチ共産党事件について質問をいたします」

春日一幸・民社党委員長が一九七六年一月二七日の衆院本会議で、宮本顕治・共産党委員長をめぐる戦前の事件について質問した。『文藝春秋』が新年号から始めた立花隆の連載「日本共産党の研究」などを引き、共産党の査問で男性幹部が死んだ事件について、「リンチによる外傷性ショック死であったのか、それとも査問やリンチに関係なく、異常体質のために忽然と死んでしまったのか」と三木武夫首相らに見解を求めたのである。

標的の共産党は激しく反発した。『前衛』は二月号で、四四ページにおよぶ反論「最近の反共言論と歴史的真実」を掲載。その頃、『正論』や『現代』『時の問題』『現代の理論』などで、査問事件が蒸し返されたことに対し、「相次ぐ反共企画の背後には権力中枢の策謀がある」とした。それらは特高警察資料と変節者の偽りの証言によるものであるなどと反論し、翌月号では、策謀は政府・自民党と民社党の完全な連携プレーであり、反共、第二自民党としての民社党の本質を改めて暴露したものだなどと不当性を訴えた。

事件そのものは何度も報じられていて目新しさはない。だが、「田中金脈研究」の立花隆が書いたとあって、世間は大いに注目した。しかも、共産党は一九七二年の総選挙で一四議席から三八議席に大躍進し、任期満了の七六年末を前にして、動向に国民の目が注がれていた時期だ。前出の天池清次も前回総選挙での共産党激増に強い危機感を覚えたと自著で語っている。
「これはいけないなと思った。自民党では共産党と直接対抗できる力はないですからね。性格が違う。だから革新政党の中で共産党を抑えるようなところを考えると、民社党を積極的にやる以外にない。（中略）それが動機になって、同盟が民社党を積極的にやったんです。金もずいぶん注ぎ込みましたよ。あの当時は、終盤のときに二回目の金を寄付した。そうしたらそれを春日委員長は喜んで、「いや、あれが効いたよ」と言っていた」（『労働運動の証言』）
天池清次の証言はリンチ事件の国会質問に直接ふれたものではないが、共産党の大躍進が反共の防御本能を突き動かしたことを明確に語っている。春日の追及が奏功し、同盟の選挙応援も効果的だったためか、一九七六年一二月の総選挙で民社党は一〇議席増の躍進。共産党は二二議席減と大幅に党勢を後退させた。

春日一幸（写真提供：読売新聞社）

「民社党は戦後日本の赤化を防いだという意味でもっと評価されてよいはずだ」
民社系の人々を取材していて、何度も「防共の功績」を聞いた。そうした面は確かにあるだろう。裏返せば、反共ネタは民社党にとって票になるキラーコンテンツであったことも事実だろう。何より一連の共産党追及はロッキード疑惑の最中の一九七六年総選挙直前における仕掛けだ。社会党や新自由クラブなどのライバルに政権批判票が流れかねない局面で、民社党は伝家の宝刀を抜いて、独自色発揮に成功したのだと、半世紀を経て改めて思う。

いずれにしても、春日一幸は闘士の中でもその姿勢が際だって見える。前任者の西村栄一時代、反共が右翼を思い起こさせることを敬遠して「反自民非共産」と言い換えることがあった。春日はそれを「非自民反共産」と逆転させた。とにかく徹底しているのである。

熱烈な地元後援者・二村富久

筆者はかつて、石原慎太郎・元東京都知事の政治資金収支報告を年代ごとに追っていて、石原の資金管理団体「石原慎太郎の会」に毎年多額の寄付をしている名古屋の政治団体に気づいた。中部石原慎太郎の会という名で、プラスチックフィルム製造のフタムラ化学（名古屋市）に事務所を置き、都知事二期目の二〇〇三年には七〇〇〇万円もの資金を石原の資金管理団体に寄付していた。

カネの流れをさかのぼると、フタムラ化学に事務所を置く二村政治経済懇話会から中部石原慎太郎の会に二〇〇一年に五〇一二万円の資金が流れており、さらに一九九八年には日本憲法研究会という政治団体に四九七五万円が寄付されていた。

中部の会、二村懇話会、憲法研究会はいずれもフタムラ化学の創業者である二村富久が、持論の自主憲法制定運動を推進するために立ち上げた政治団体だった。自民党タカ派「青嵐会」を応援した縁で中川一郎や石原慎太郎らと親しく、また、日本会議事務総局を担う日本青年協議会（現在の日本協議会）ともつながりが強かった。日青協は二〇〇一年、その年の全収入の四割にあたる約四〇六〇万円の寄付を二村懇話会から得ていた。

その二村冨久は、春日一幸の熱烈な地元後援者だった。

二村はエピソードに事欠かない人物だった。フィルム・セロハン業界の立志伝中の経営者で、母校東京理科大（旧東京物理学校）の東京・神楽坂には、資金提供した近代科学資料館（二村記念館）が建つ。また、社員全員とともに自衛隊体験入隊をし、同憂の三島由紀夫が市谷で自決した後には自ら髪を落とし、社員約二〇〇人を連れて上京。築地本願寺での葬儀に臨んだりもした。しばらくして、社員らの鍛錬施設として三島記念館を名古屋駅近くに建設。一九七二年の開館式には、右翼の児玉誉士夫《よしお》らが出席した。

さらに、ソ連のアフガニスタン侵攻が起きると、北海道の安全に対して危機感を強め、日本会議の前身で、日青協が事務方を仕切る「日本を守る国民会議」とともに、ドキュメンタリー映画『脅かされる北の守り』を制作、国防強化の重要性を各地で訴えた。

二村は一九八〇年、日青協結成一〇周年記念式典で来賓あいさつに立った。三島由紀夫への思いを語った後、「私のいる名古屋は民社党の春日一幸の出身地であります」と続け、春日本人に元号法の必要性を切々と訴えたと明かしている。「自民党はもちろんでありますが、私どもの考えに一番近いのは民社党だ」（日青協『祖国と青年』一九八一年三月号）と述べたのである。

二村をはさみ、中川一郎と春日一幸は昵懇《じっこん》だった。連れだって福田赳夫邸を訪ね、福田首班の連立を画策するなど、政界再編に並々ならぬ意欲を持ち続けたのが春日だった。

文学青年だった春日一幸

春日の思想変遷は興味深い。戦前、左翼文芸誌『戦旗』『文芸戦線』をむさぼり読んだといい、終戦後、日本社会党に参加。愛知県議になった頃は社会党左派に属していた。自著『春日一幸著作撰集』（一九七一年）によると、左派に籍を置いた理由は、占領下にあっては左翼の理論でなければ、日本民族の独立は達成しがたいと考えたからだという。

ところが、一九五一年、左派と決別して右派社会党に参加した。サンフランシスコ講和条約を締結すれば日本は独立できるというのに、左派が反対していることに納得できなかった。五二年一〇月の衆院選で、愛知一区（定数五）から右派社会党公認で立候補。戦時中は大日本忠孝労働組合を率いた右派社会党の山崎常吉らを抑えて四位で初当選した。その七年後、社会党を見限り新党結成の動きに加わったのは、貴重なエネルギーを党内の派閥争いに浪費するのがもはや愚の骨頂だと諦観に及んだからだという。

そんな春日委員長の時代、民社党の性質は大きく政権寄りに転換した。春日が党首を辞任すると表明した翌々日、毎日新聞は社説で、春日委員長の六年二ヵ月を「自社中心時代、自共対決的配置といった二極構造の中で、いかに独自性を発揮するかに苦闘した時代だった」「自民党のいう〝部分連合〟の相手として、右への歯止めがきかない印象も持たれた。革新ブロックから〝新与党〟〝保守補完勢力〟と攻撃されたのも事実である」と論評した。

春日「民社研は不遜である」

春日時代は民社研との軋轢が噴出した時期でもあった。

「私が議長就任後、最初に頭を悩ませたのは民社研と民社党の関係である」

民社研議長だった関嘉彦は、回想録『私と民主社会主義』でそう述べている。一つは言論出版問題で追及の急先鋒にあった西村民社党が一転して矛を収め、社公民路線に転じたこと。続いて、一九七一年の東京都知事選をめぐる民社党の中立方針に対し、『改革者』が美濃部批判・秦野章《はたのあきら》（自民党推薦候補）支持を強くにじませた誌面づくりをしたため党とのいざこざがあった。七一年四月に西村委員長が倒れ、春日執行部になってから関係はいっそう悪くなったという。

両者を心配して、同盟会長の天池清次が仲裁の労をとって、一九七三年三月、党・民社研・同盟による夕食懇談会が催された。初めは和気あいあいだったが、何かの拍子で春日が「民社研は不遜である」と言いだし、正面に座っていた前議長の武藤光朗が「批判するのが、何が悪い」と応戦。つかみ合わんばかりの二人を天池が取りなして収まった。関によると、「理屈は後から貨車に載ってやってくる」が春日の口癖で、理論より戦略戦術を重んじ、民社研の活動を軽視するところがあったという。

民社研理事、吉田忠雄が『改革者』（一九八五年二月号）に寄せた巻頭言「反共主義の帰結」が議論を呼んだこともあった。

「この世に、共産主義のすべてを否定する集団がある。

ソ連や中国のすべてが嫌いなのである。ソ連人の善意も、中国から輸入した食料も、すべて共産主義のレッテルを貼って憎む。その基盤は、共産主義憎しの憎悪の哲学である。共産主義も、憎悪の哲学を基盤にしているが、教条主義的反共主義は、教条主義的共産主義と同根であることを知るべきだ。

我々は、反共主義ではない。非共のはずである。共産主義のすべてに反対するのではなく、その行動の善悪によって、あるものを肯定し、あるものを否定するだけである。

しかし、共産主義の良さと悪さを判別することは容易ではない。なぜなら、羊の皮を被った狼がいるかもしれないからである。

共産主義を受け入れることができるのは、批判の自由を共産主義が受け入れ、その批判に正直に答えてくれる時である。なぜなら、それは共産主義の脱皮を意味するからである。

共産主義が脱皮することを願うのか、それとも教条主義のままにいることがよいのか。共産主義の撲滅のために、教条主義のほうがやりよいと思うかもしれないが、共産社会で苦しむ良心的な人々を思うと、共産主義が脱皮することを願わずにはおれない。

反共主義は良心的な人々の敵でもある」

その巻頭言にかみついたのが春日一幸だった。『週刊民社』（一九八五年三月二七日付）の名物コラム「天鼓《てんこ》」に「ソルジェニツィン曰く　共産主義の実体は一種で一質」とするタイトルでこう書いた。

「『改革者』二月号、吉田忠雄教授の反共主義の帰結なる「巻頭言」を読んだ。畏友吉田教授のものとは思えぬほどに、言うならばこれは荒唐無稽な悪文だ。

論旨を簡約すると「共産主義のすべてを否定する教条主義的反共主義は教条主義的共産主義と同根だ。我々は反共主義ではなく非共のはずだ。共産主義のすべてに反対するのではなく、その行動の善悪によってあるものを肯定し、あるものを否定するだけだ」とあるが、これは正面切って民主社会主義の目的と任務に逆らうものだ。

すなわち社会主義インターのフランクフルト宣言もオスロ宣言も、民主社会主義が対決すべきものは何よりも共産主義と定め、共産主義に反対することをその教義教条に据えているからだ。

現に反共主義の受難者ソルジェニツィンは「共産主義に反対すること——それがまず人間であることの証拠だ」と、そこには否定も肯定も全く余地がないと断言し、また、サハロフは「共産主義体制ほど血生臭く残忍で悪魔のようにそつのない政治は人類の歴史に前例がない」と極言し、物理学のオフロフ教授は「接続された歯車は嚙み合わざるをえないように共産主義のどんな柔軟なものでもその行き先は人間精神の完全な弾圧だ」と言い切っている。

共産権力に弾圧され逮捕され国外追放されてもその信条を曲げぬ志操堅固なこれら反共学者らを吉田教授はなおもその結語の如くに「良心的な人々の敵」と呼ぶのであろうか。

敢えて言う、批判を受け入れ非を悟りそこから転向した者はもはや共産主義者ではないのである」


吉田忠雄は『改革者』翌月号の巻頭言で、「民主社会主義の基本戦略の一つは、共産社会にマルクス・レーニン主義を捨てさせ、共産社会を自由な社会に変革することである、と私は考える。これが共産社会に住む良心的な人々を解放させることにもなる。前号の巻頭言の末尾に「反共主義は、良心的な人々の敵でもある」と書いた真意は、それである。その場合の反共主義とは、前号で述べているように、教条主義的反共主義のことだと受けとめてほしい。我々が共産主義に反対するのは、特にその全体主義的側面である。したがって共産主義が共産主義である限り（脱皮しない限り）、我々は、非共を出発点としながらも結果として反共の立場をとる」と言葉を補って真意を説明しているのだが、両者の主張から春日の考える反共がよりクリアになっていてとても興味深い。

「反共」旧統一教会の民社研接近

その時期、民社研の学者らを手こずらせた問題が、旧統一教会の接近だった。

前章で述べたように民社研の財政は労働学校の授業料、すなわち、共産党の活動に手を焼く企業経営者や同盟系労働組合が社員、組合員に反共の理論を学ばせるために送り出す「循環」のうえに成り立っていた。ところが共産党の力が弱まると、企業も労組もかつてほどの熱を示さなくなり、参加者が減少した。さらに収入の柱の一つだった賛助会費を民社党と民社研で一本化してほしいという企業が増え、次第に取り分が減ったことも痛かった。

「私は、このように財政問題で頭を悩ましていた頃、醜女《しこめ》の深情けとでも言うのか、統一教会という宗教団体から言い寄られたことがある」。民社研議長だった関嘉彦はそう振り返る。

一九七五年のある日、教団の新聞『世界日報』に民社研のことが載っていると耳にした。驚いて民社研の事務所に行き、『改革者』の編集者に尋ねると、数日前に世界日報の記者が訪ねてきて、「我々は民社研の活動を支持しているので、その出版物を世界日報に無料で広告したい」という依頼があり、許可したとの返答だった。

掲載紙を見ると、二面の下三分の一ほどに民社研の出版物の広告が確かにあった。すぐ上の欄に教団の教祖、文鮮明のスピーチがあり、うっかりして読むと、民社研の出版物と文鮮明とが関係あるかのような印象を与える。無料で広告してくれるのはありがたいが、誤解をさけるため、以後は広告掲載がないよう編集者に指示したという。

その後、世界日報から寄稿を執拗に求められても、関はいずれも断った。また、あるときには、立教大学元総長の松下正寿らの名前が趣意書にあることに安心して、新橋駅そばの「市民大学」に出講したことがあったそうだ。二度目の講義依頼の際、教団関連とわかり断った。

ところが、しばらくして、インタナショナル・ワン・ワールド・クルセードの役員だという人が訪ねてきて、民社研および関に協力を求めてきた。協力すれば民社研を資金面で支えるような口ぶりのため、資金の出所を確認すると、「統一教会だ」と答えたため、即座に申し出を断った。そのほか、松下正寿が会長の世界平和教授アカデミー（一九七四年設立）からの協力要請もあったが、教団のフロント組織と思われるため断ったのだという。

「あまり潔癖になる必要はない」。そう言い、世界日報のコラム欄に執筆している民社研理事もいたが、関は厳格だった。松下正寿が統一教会のフロント組織と深い関係があると知ってからは、彼が理事長を務める民社党研修施設「富士政治大学校」への講演などには、「松下が教団関連組織と関係を断たない限り一切協力しない」と申し入れたと回想録で述懐している。

接近は民社学同、民社党にも

旧統一教会の学生運動は、一九六〇年代後半に「親泣かせの原理運動」として問題視されながらも、日本会議の源流の一つである生長の家学生会全国総連合などと共闘関係にあった時期がある。学園正常化を訴えて六七年に結成された民社学同とも重なり合う時期だが、七五年頃の民社学同の機関紙をみる限り、少なくともその頃は距離を置いていたようだ。

また、民社党機関誌『革新』は一九七六年七月号で、党青年隊東京本部などの連名による投稿

「統一原理＝勝共連合の実態とその陰謀」を載せた。ロッキード事件のただ中。投稿は冒頭、教団関連の国際勝共連合が韓国中央情報局（ＫＣＩＡ）とつながり、児玉誉士夫や笹川良一らから財政援助されていたとの新聞報道を受ける形で問題提起している。

「今後も彼らは手をかえ品をかえ、救国＝反共統一戦線という名目で、わが陣営に浸透工作を執拗におこなってくる可能性がある」とし、こう呼びかけた。「同志のみなさん。右翼とＫＣＩＡなどと癒着したエセ反共統一戦線・勝共連合の謀略を今から粉砕し、（中略）欺瞞と偽善、そして暴力から民主政治を守るためともに闘おう！」

一方、反共の同志と思っていた民社党側から謀略組織と指弾された勝共連合側は泡を食ったようだ。『革新』翌月号に「勝共連合への非難攻撃に答えて」とする反論が載った。要は、自分たちは結成以来、「共産主義は間違っている」と訴え、多くの学生・青年を共産主義の魔の手から救出したと自負している。共産主義者による暴力と独裁に反対する民社党は、この日本を守り抜く戦いにあって、本当に信頼しあっていける存在と考えていただけに、先月の非難攻撃は残念でならない。それが悪意からではなく、単なる認識不足か誤解から生じたものであることを祈るばかりだ――と再考を訴えたのだ。

『革新』『改革者』を見る限り、誌面上で議論が続いた形跡は見られないのだが、当時を知る民社党ＯＢによると、「党組織として接点があったという認識はない」と断言する。「ただ、選挙の手伝いとか、秘書として勝共連合が入り込んでしまい、最後まで抜けられなかった国会議員も中にはいた。その議員は結局、自民党入りを強く希望していたことなどから、党を除名処分になった」と振り返る。

2　核・原発・エネルギー政策への立場

原子力の平和利用を訴える核禁会議

日本国内の原水禁運動は主に共産党系の原水爆禁止日本協議会（原水協）、旧社会党系の原水爆禁止日本国民会議（原水禁）、民社党系などの核兵器禁止平和建設国民会議（核禁会議、後に核兵器廃絶・平和建設国民会議に改称）、の三系統に分かれて運動が進められてきた。そのうち、核禁会議は原子力の平和利用推進を掲げたのが特徴で、民社党のエネルギー政策に影響を与えてきた。

一九六一年八月、歴代首相の指南役として知られた末次一郎らを議長団とする核兵器禁止・平和建設国民大会が開かれた。立教大の松下正寿が基調講演した後、自民党の小川半次、民社党の西尾末広があいさつ。民社研の竪山利忠が「平和建設国民運動組織化に関する決議」を提案し、その年一一月に核禁会議が結成された。左翼的平和勢力論に牛耳られ、反米闘争に利用されている原水禁運動ではなく、人道主義に立った真の核兵器廃絶をめざす運動を標榜した。

結成時の主な顔ぶれは、議長に松下正寿。副議長に冶金学者の桶谷繁雄と作家の平林たい子、全労会議の和田春生ら。事務局長には寒河江《さがえ》善秋《ぜんしゅう》（後に青年海外協力隊創設に尽力）が運動の前面に立った。結成の二年後、一九六三年に米英ソによる部分的核実験禁止条約が調印され、地下を除くすべての核実験が停止されることになった。その際、松下正寿は条約締結を歓迎して声明を出した。「究極的には核兵器の製造を制限し、禁止し、全面的廃棄にもっていかねばならない。それに従って原子力の平和利用に一路転換、発散させていくことが大いに可能となり、人類の将来は非常に明るいものとなる。ソ連や米国ではすでに原子力を利用して運河の開削や採鉱が試みられている。私たちは三国首脳の今回とられた行為に心から敬意を表するとともに、私たちの最終理想実現とくに原子力の平和利用に今後強力な熱意をもって進めていきたい」(『核兵器廃絶の叫び——核禁会議二十年史』一九八二年)

条約締結直後の一九六三年九月、松下正寿を団長に立正佼成会、曹洞宗、世界救世教、靖国神社などの平和使節団が四〇日間にわたり、欧州、ソ連、米国を訪ね、核兵器の全面無条件禁止、生産・貯蔵・使用の全面禁止、原子力平和利用による人類福祉の増進などを訴えている。

松下正寿と立教大原子炉

すでにたびたび登場しているが、民主社会主義のキーマンである松下正寿とはそもそも何者か。立教大総長、富士社会教育センター理事長、民社党参院議員、民社法曹協会会長、建国記念日審議会委員、統一教会系の世界平和教授アカデミー会長といった無数の肩書きで八面六臂《はちめんろっぴ》の働きをした人物である。

「ずいぶん有形無形の迫害を受けた。身に危険と感じたことはないが、白眼視された。だから私の八戸における学校生活は楽しくなかった」(『宗教公論』一九六〇年五月号)

そんな少年時代を語った松下正寿は一九〇一年生まれ。キリスト教牧師の祖父の下、青森県八戸市で育った。「大正の末期から昭和の初期になると、敵はキリスト教から「赤」に変わったからだいぶ緩和されたが、太平洋戦争の直前から戦争中、再び迫害は強化された」と記している。

松下はそうした時代、アメリカ聖公会創立の立教大学に進み、六年半にわたり米国留学。一九二九年に帰国し、立教大教授に就任した。四三年に大学を離れた後、日本外政協会（日本国際連盟協会の後身）に籍をおきながら、戦時下の法体系確立を目指した日本法理研究会で、思想検察を束ねた塩野季彦《すえひこ》・元司法相らと交流。戦後は東京裁判で東条英機の補佐弁護人となり、自身、「追放」の身となった後、弁護士事務所を開業した。

しばらくして母校から声がかかり、一九五五年に立教学院院長・立教大学総長に就任。同時期、アメリカ聖公会から平和利用のための原子炉寄贈の話が大学に持ち込まれ、立教大学原子力研究所（神奈川県横須賀市）が設置されることになった。松下は研究者を呼び、原子力の平和利用について説明を受けた際の模様を日経新聞『私の履歴書』でこう振り返っている。

「原子炉は日本および立教大学にとって有用であるか、危険はないか。三教授の答えは大いに有用である。注意すれば危険はない、であった。私の腹は即座に決まり、その時から子供がオモチャを欲しがるように原子炉を欲しくなった。立教大学の原子炉から平和で豊かな原子力時代が開けていくような、広島、長崎の犠牲者の霊が立教原子炉からふき出す煙に乗って羽化登仙し、それが天の御使とともにハレルヤを合唱するような夢が次から次へと浮かび、ぜひ欲しくなった」

松下正寿（写真提供：読売新聞社）

松下が核禁会議初代議長を務めたことはすでに述べたとおり。議長就任は一九六一年一一月でちょうどその時期にあたる。原子力の平和利用を推進する核禁会議としては顔役に適任だったのだろう。立教大の原子炉は松下の議長就任の翌月、民間の本格的研究用原子炉の第一号として初めて臨界に達した。同原子炉は産学で利用された後、二〇〇一年に運転を停止。使用済み燃料をすべて搬出し、廃止措置が続けられている。

「東海村」と「むつ」

平和利用の先駆として、原発専業の日本原子力発電（日本原電）が設立されたのは一九五七年である。電力大手九社と電源開発が共同出資した。東電や関電などに電気を売る契約を結び、これまでに日本初の商用原発となる東海や東海第二（いずれも茨城県東海村）、敦賀一、二号機を建設した。

また、日本原子力船開発事業団が原子力実験船「むつ」を建造し、一九六九年に進水。ところが、七四年に初めて原子炉を動かした際、中性子線が漏れていったん中止。改修後の九二年に実験航海を終えたあと廃船となっている。

今なお評価の分かれる原発について、同盟系の労働組合はどう考えてきたのだろう。

日本原電労組委員長や電労連書記長を務めた青木賢一の論文「原子力発電所は爆発するか」が『同盟』（一九七七年一月号）に載り、話題になったことがあった。巨大な原発で事故が起き、大都市ロサンゼルスが被災する危機を描いた米国の小説『プロメテウス・クライシス』を題材にした論考で、青木は実際の原発は小説と違い、いかに安全かを論じ、爆発はおきないと断じている。

例えば、通常運転で約三〇〇度である炉心の燃料被覆管が、冷却材喪失事故で約一二〇〇度まで上昇した場合、または、炉心が溶融して格納容器中に落下した場合に水素は発生。水素が一定量に達すると、空気中の酸素と結合しておこるのが水素爆発の仕組みだ。だが、性能・能力とも十分に余裕のある緊急冷却装置が設置されているのだという。

仮に、緊急装置が十分に稼働しなくても、沸騰水型炉は格納容器内を窒素で充填し酸素量の少ない環境にしている上、場合によっては窒素を注入して水素・酸素の濃度を目安以下に保つことも可能。加圧水型軽水炉でも――と続け、「実際の発電所では、一次冷却系の破断、それにともなう爆発などをふくむ重大事故の起こる可能性はまったくと言っていいほどないと言える」。

米スリーマイル島事故

その論文から二年が過ぎた一九七九年三月二八日、米国ペンシルベニア州スリーマイル島の原子力発電所で事故がおきた。給水ポンプの故障と人為的ミスが重なった結果、圧力容器内から冷却水が流失し、炉心の三分の二が露出する空だき状態になった。非常事態が宣言され、付近の住民が避難。事故を機に原発の安全性論議が沸騰した。

『同盟』（一九七九年七月号）に、電力労連の「中間的な見解」が載っていた。

「米国原子力規制委員会および、わが国の原子力安全委員会などが発表した事故経過ならびにその分析結果からみて、「スリーマイル島原子力発電所＝日本」の図式とはならないことが明白である」として、日本との相違について説明。そのうえで、今後の電力需要をまかなうためには、原発を中心とした政策がわが国の実情に適したものであり、「実効性や整合性のないエネルギー政策論議や、成長そのものを否定するような無責任な論議が一部とはいえ、未だに繰り返されていることを我々は強く憂慮するものである」と記している。

原発への信頼性が大きく損なわれた旧ソ連のチェルノブイリ原発事故が起きるのは一九八六年でそれまでにはかなり時間があるのだが、七〇年代後半から九〇年代にかけて、西欧を中心に反核運動が盛りあがった。八一年にレーガン米大統領が中性子爆弾製造を許可し、西ドイツ誌が秘密核基地の存在を暴露した頃から大集会が目立つようになった。運動は日本の平和運動をも刺激し、文学者や音楽家、法律家、演劇人、科学者などが反核声明を相次いで発表した。

『改革者』(一九八二年六月号)は、そうした動きを裏読みした解説を載せている。タイトルは「反核・軍縮運動を反米・反安保に発展させる計算」。三浦朱門の「平和、自由、解放、民主主義。これらのための署名運動やアピールの類いは、しばしばこういう理想を実現する意思のないグループの軍事力を補う手段として役立ってきました」や、入江隆則の「昨今の日本の一部の新聞の反核キャンペーンはすさまじいばかりですが、それを見て、悪魔が笑っていなければよいがと思う」といった主張を引いて、反核運動への用心を促している。

「おそらくキャンペーンの底にはどの程度意識されているかは別として、「反安保」「反自衛隊」「防衛力増強反対」の意図が潜んでいるとみなくてはなるまい」

さて、電力関連労組をめぐっては一九八一年、電力労連などを中心に全国電力関連産業労働組合総連合(電力総連)が結成された。電力総連は「連合」で四代会長、笹森清(東電労組)の出身母体となるなど、労働界の主軸をなしていく。

3 保守派国民運動との共闘

天池清次が演説した元号法総決起集会

憂国の宗教者・文化人を中心にした「日本を守る会」(一九七四年結成)と、日本を守る国民会議が統合して日本会議が結成されたのは一九九七年だった。後者の国民会議が前身の「元号法制化実現国民会議」だった時代、民社党・同盟がその法制化実現に大きく関わったのをご存じだろうか。

元号の消滅と天皇の代替わりが現実味を帯びだしたのは一九七〇年代半ばだった。当時、昭和天皇（一九〇一～八九）の年齢は七〇代。七五年三月の衆院内閣委員会で内閣法制局の第一部長が「昭和という元号は法律上の基礎はなくて、事実としての慣習として現在用いられている」と答弁し、元号問題は一気に火急を要す政治課題に浮上した。戦前の旧皇室典範と登極令には元号の規定があったが、戦後に新たに制定された法律「皇室典範」にはその条文が存在しなかったからである。

日本会議事務総長の椛島《かばしま》有三は後に、「元号は新帝陛下の御代になっても存続するだろうという認識だった。答弁で強い衝撃を受けた」（『祖国と青年』二〇一一年六月号）と振り返っている。

一九七八年七月一八日、元号法制化実現国民会議の結成式が東京・赤坂で開かれた。約六〇〇人が参加。その後、長きにわたりタカ派文化人の顔になる作曲家、黛敏郎が開会の辞を述べ、議長には元最高裁長官で「英霊にこたえる会」会長の石田和外《かずと》が就任した。そのあいさつで石田は「今やらんでいつできる。俺がやらんで誰がやる。一同こういう気持ちで元号法制化に取り組んでいこうではありませんか」と決意表明。事務総長に明治神宮の副島広之、事務局長に日青協の椛島有三が就いた。

元号問題をめぐり、いち早く動いたのが民社党だった。国民会議結成に先立つ一九七八年六月九日に法制化実現を党議決定。同月一四日発足の元号法制化促進国会議員連盟（会長・西村尚治＝自民党）には民社党から副会長に受田《うけだ》新吉、事務局長に中野寛成《かんせい》を送り込んだ。受田は五九年二月、衆院内閣委員会で元号法制化に対する政府見解をただすなど、運動前史を知る熱心な議員だった。

戦前の祝祭日の復活を社会党時代からライフワークとし、今日まで民社系の人々に綿々と続く祝日正常化運動の流れをつくった一人だ。

元号法制化実現国民会議の世論喚起は一気呵成で、一九七八年一〇月には日本武道館に二万人を集めて総決起集会を開催。社会学者の清水幾太郎、健康評論家の竹腰美代子に次いで決意表明したのが、同盟の天池清次会長だった。

日青協の機関誌『祖国と青年』（一九七八年一二月号）は時代がかったこんな文章で天池の登壇を伝えている。「本大会のような民族法案を実現せんとする大会に労働界の代表が出席し発言することは初めてのことだけに満場の参加者が一斉に耳を傾けた」。天池の登壇である。

「ただいまご紹介をいただきました同盟の天池でございます」

天池は同盟組織が法制化に賛成することを表明した後、理由は二つあるとし、「一つは元号が国民生活の中にとけ込んでいること。（中略）二つ目としては、私は歴史を尊重しなければいけないと思うのです。日本も戦後になりましてから、日本の歴史を軽視する風潮が強まっている。歴史を尊重しない民族は滅びます」などと述べた。

天池の意見表明に聴衆は大歓声と拍手で応えたようだ。同誌はこうつづっている。「労働運動のリーダーと言えば、とかく左翼的だと思われがちだが、天池会長は「歴史を尊重しない民族は滅びる」との歴史認識にしっかりと立って力強く法制化の決意を述べた。この一事をもってしても、いかに元号法制化運動が全国民的な運動であるかが理解できる」

民社党からも前委員長の春日一幸が登壇した。春日は、元号が「大化の改新」の折に制定されて以来一三三三年という長い伝統の上に深く定着した「民族的制度」「日本国民の心」だと力説。民社党が法制化に全力を尽くすことを約束して、あいさつとした。

その後、官房副長官の森喜朗が福田赳夫首相のメッセージを代読。続いて、後に「新しい歴史教科書をつくる会」の創設メンバーとなる高橋史朗が大会決議案を朗読し、会場の拍手で決議採択。終わりには、聖寿万歳の三唱が地鳴りのように響き渡ったという。

波紋を呼んだ宇佐美の聖寿万歳

戦後保守運動にとって最初の金字塔は、建国記念の日の実現とされる。紀元節が消えた祝日法の制定（一九四八年）から数えると、建国記念の日実現の祝日法改正まで約二〇年もの時間を費やした。その点、元号法は七九年、国民運動が盛り上がってからわずか数年で実現した。

全国各地に支部組織をつくって、地方から中央へ攻め上がる草の根の世論形成が成功の秘訣とされ、以後、そのスタイルは保守運動の成功モデルになった。必然、国民会議の組織温存が図られることになり、一九八一年、広範な保守的課題に取り組む「日本を守る国民会議」へと発展。やがて日本会議へと結実した。

日本を守る国民会議が一九八〇年代に傾注したことの一つが、建国記念の日の「政府主催式典」開催への働きかけだった。ここでも、同盟の大物が重要な役割を任されている。

建国記念の日は一九六六年の法改正で実現したものの、式典となると、憲法の定める政教分離に触れる可能性が高いとして、政府は距離を置き続けてきた。そこへ、靖国神社への公式参拝にも意欲をみせる中曽根康弘が首相に就任する。式典を長年開いてきた神社本庁など、建国記念の日奉祝運営委員会（黛敏郎委員長）側の期待が一気に高まった。

宇佐美忠信

奉祝委員会は一九八二年末、首相に就いたばかりの中曽根に出席を打診。翌八三年の式典に中曽根は祝電を送り、一方の奉祝委員会側も宗教性の強い橿原《かしはら》神宮遥拝を黙禱に改めるなど、復古調の式典をやや和らげ、首相出席のための環境整備に動き出した。

そうした経緯をへて開かれた一九八五年の式典は、黛らの奉祝委員会が合流し、政府肝いりの新団体「建国記念の日を祝う会」（五島昇会長）が主催する形で、首相が出席。「国民一人一人が遠くわが国の成り立ちをしのび、わが国の弥栄を願う意義深い祝日」「日本国民は旺盛な愛国心と強い団結心をもって国力を培うとともに、独特な個性豊かな文化をつくり上げてきた」などと述べ、歴史を振り返りつつ、国民に愛国心、団結心をもつよう呼びかけた。

首相出席の実をとり、何とか開催にこぎつけたとはいえ、神事を否定された奉祝委員会側にとっては妥協につぐ妥協で、ショーのような式典は耐えがたい内容だった。そんな後退戦の中で、神社界や保守団体がこれ以上は譲歩できない一線として政府側に要求したのが聖寿万歳の履行だった。

「建国を祝し、天皇陛下のご長寿を祈って」

式典当日、万歳三唱の先導役を引き受けたのは、一九八〇年に同盟会長を引き継いだ宇佐美忠信だった。末次一郎や同盟副会長・民社党国会議員を務めた和田春生らによる働きかけと、式典成功を任された自民党の中山正暉《まさあき》から強い要請があった。

ところが数日後、同盟の執行評議会で宇佐美は副会長らから「紀元節のイメージが残っており、国民のコンセンサスもできていない」と批判され、宇佐美には憤懣《ふんまん》やるかたない思いが後年まで残っていたらしい。

約一〇年後に発刊された回想録『和して同ぜず』で、宇佐美は「万歳三唱の音頭をとった私に対し、痛烈な批判をしてきた人たちが、この頃になって、天皇陛下からの叙勲を得るためにいろいろと運動をしている姿をみるとき、その人たちが心から自己反省をしてからにしてもらいたいと思っている」と痛烈に皮肉っている。

なお、中曽根肝いりで始まった式典はその三年後に分裂。黛らは「日本の建国を祝う会」を結成し、主催する式典は今も続く。一方、首相出席の式典は「国民の祝日を祝う会」が引き継ぎ、小泉内閣の二〇〇五年に幕を閉じた。その後、いったん野に下った自民党は二〇一二年の衆院選で、政府が主催する建国記念の日式典を政権公約に盛り込んだが、二〇二五年一月現在まで公約は果たされていない。

4　自民党よりタカ派の防衛政策

栗栖発言と有事立法

「民社党の路線どおり、安倍長州内閣の右に勢力をつくらなあかんのですよ」

本書の冒頭で紹介した民社ＯＢ会総会・懇親会。元衆院議員の西村真悟がマイクを握ると、中だるみ気味だった会場の視線が再び、登壇者側へと引き寄せられた。小渕内閣の一九九九年、週刊誌の対談記事で、「日本も核武装したほうがええかもわからんということも国会で検討せなアカンな」などと発言し、防衛政務次官を辞任した頃と変わらぬ西村節は健在だった。
政務次官当時は自由党所属だったものの、西村個人はもちろん、在りし日の民社党およびそれに連なる人々は、防衛政策で自民党よりタカ派と目されることが多くあった。

「「超法規行動」発言の栗栖統幕議長を解任」

読売新聞が一面でこのスクープを報じたのは、一九七八年七月二五日朝刊だった。「奇襲攻撃を受けたら現地部隊は超法規的行動をとることになるだろう」――。記者会見や週刊誌でそうした持論を繰り返していた自衛隊統合幕僚会議議長の栗栖《くりす》弘臣《ひろおみ》（一九二〇～二〇〇四）が二四日、金丸信《しん》防衛庁長官に辞表を提出。事実上更迭されたとの特報である。制服組トップが発言を理由に職を解かれたのは自衛隊発足以来初の一大事だった。
金丸は読売新聞が特報を打った日の朝、福田内閣の閣議にでた後、待ち受けた記者たちを前に会見した。金丸は概ねこんな話をした。
①七月二四日に議長から進退伺いと辞表の提出があったので受理した。②辞表は、自らの一連の言動により世間を騒がせ、迷惑をかけたことにより、金丸長官の信を得られなくなったので、職を辞したいという内容だった。③今回の「超法規的行動」云々の発言については、真意はともあれ自衛隊が法を無視して行動する可能性があるかのごとき誤解を与え、統幕議長の発言として適当だと思わない。④議長の過般来の発言について、国会等において取り上げられたこともあり、かれこれ思い合わせ、この際、辞任を認めることにした。⑤自衛隊は言うまでもなく憲法、防衛二法を根幹として管理運営されるものであり、法を無視して行動することはあり得ない。
栗栖もその日に会見。自らの発言はシビリアンコントロール自体に異議を唱えたのではなく、

「攻撃を受けてから出動命令がでるまでの時間的なズレ、法律の穴をなんとかすべきだと言った」などと説明。辞任の理由について、「発言の責任をとるとは言っていない。私の言ったことは正しい。長官の信を失ったのが辞任の理由だ」とサバサバした様子で話した。

自民党内でも賛否が割れる中、民社党の動きは素早かった。国際局長の永末英一が「栗栖発言自体はそう問題はない。解任は筋違いだ」として他の野党とは異なる見解を示し、一九七八年八月末には、委員長の佐々木良作ら党首脳部が陸海空の三幕僚長、統幕会議事務局長らを招き、都内のホテルで懇談。民社党側の質問は「奇襲はありうるのか」から始まり、防衛出動発令が間に合わせない場合どう対処するか、などについて意見交換した。

陸海空の三幕僚長らは「兵器体系が非常に進歩して、その確率は下がってきているが、奇襲はありうる」「その場合、自衛隊法による防衛出動命令が間に合わない可能性が十分にある」と意見表明し、発令前の緊急措置について、正当防衛や緊急避難で対処するのには不十分である、との見解で一致。法改正による有事即応体制の整備をそろって訴えたという。

佐々木良作

『改革者』も即座に反応した。堀江湛は一九七八年一〇月号で、有事立法の議論がさかんになったことを受け、「民社党がいち早く陸海空の三幕僚長を招いて、第一線の制服の苦衷に耳を傾けたのは近来のヒットだ」と評価。上条末夫も同じ号で、有事法の欠落が防衛二法制定時の五四年から指摘されながら、政府、防衛庁当局が事なかれ主義で立法作業を回避してきたことは無責任、怠慢だと批判した。ただし、政府・与党が立法の必要性を認めたことは前進であり、それにいち早く反応して賛意を表明した民社党の姿勢は「近年にない大ヒットである。（中略）現在の政治に求められているものは、こうした民社党的能力と態度である」と党執行部に賛辞を送っている。

民社党公認で参院選立候補

栗栖弘臣は一九二〇年、広島県呉市生まれ。一高・東大法卒。内務官僚になった後、海軍を志願。南方戦線を転戦し、外地で終戦。復員後は弁護士となり、まもなく発足した警察予備隊に入った。七六年に陸上自衛隊幕僚長、七七年、統幕議長。七八年、問題発言で更迭され、自衛隊を去った。

栗栖は一九八〇年、参院選東京選挙区（被改選数四）から民社党公認で立候補する。『軍事研究』（八〇年六月号）で、彼は塚本三郎らと同誌の座談会に出席し、立候補の経緯・動機に加え、高級官僚から自衛隊に転じた理由などについて語っている。

司会　なぜ民社党を選びましたか。

栗栖　防衛とか外交とか教育というのは党派を越えるべきだと思っております。私は現役時代から、国民常識的な線をいままで言ってきたつもりです。それを受け入れてくれる党でなければ意味がないと思ったんです。ところが民社党は現実路線といいますか、国際情勢を踏まえた長期の国家目標を掲げて、それに対して勇気のある発言をしている。その中身が、全体として私の考え方と同じなものですから、やるならここ以外ないという考え方です。

司会　この際聞いておきたいのですが、栗栖さん一高－東大を一番で卒業されたという秀才で、昔の軍隊でも聞いた言葉ですけれども、戦後人のいやがる自衛隊に、憲法上疑義もあるし、制服も着て歩けないようなところに入られて、（中略）他官庁から引き抜きもあったようなのに、どうして自衛隊に志願したのか、その心境をお聞かせください。

栗栖　日本は敗戦になりましてああいう悲惨な目に遭った。私は、自らのいろいろな経験、あるいは戦犯に相当程度おつき合いした心情から、武力がないということは国家としては成り立っていかないのではないかという感じがあったわけです。

それと帰ってきまして昭和二六年秋、新しい国家を建設するには、かつてのような民意を無視し、あるいは昔の憲法の統帥権を振りかざして、全般的に見て政治を壟断《ろうだん》するというようなことがあってはいけない。私のようなやや幅が広い――幅が広いかどうか知りませんけれども、そういう中に入ってこれをできるだけ自分の正しいと考えている方向に照準を合わせるようにして、仕事を一緒にしたいというつもりだったんです。

栗栖弘臣（写真提供：読売新聞社）

司会　選挙をやられるということ、またその票がどの程度あらわれるかということは栗栖さんの場合一つのバロメーターのような気がします。だから国民全部が非常に関心を持っておると思います。そういう意味では全国区に最もふさわしい人なんですね。どうしてまた地方区に回ったのか、そこらあたりがちょっと疑問だったんですけれども。

塚本　それは私が答えさせていただきましょうか。（中略）栗栖さんは恐らく全国の制服のいわゆる代表として国会にお出になる意味では全国区の方がまず戦いやすかったし、最もふさわしかったであります。（中略）ところがそのお返事をいただく前に内部でこういうことが起こったんです。選挙をしていただくのに全国区というのは党の力が脆弱で、五万弱の党員です。ところが全国区で応援してくださる労働組合は約七〇万、そこへスポッと栗栖さんをはめれば、自衛隊員さんと一緒に楽に当選できるという党としての勘定があったんです。しかし、中身を申し上げると、いい人を探してくださったという人が多い反面、軍人代表ではというアレルギーが内部にも少々ありました。

もう一つは、よく考えて、全国の制服の大先輩で出ていただくことはすばらしいことだけれども、一面において自民党には源田《げんだ》というお年寄りがおります。（中略）そうするとあらゆる権力を自民党が行使して自衛隊員の前において、源田か栗栖かという争奪戦を展開しかねない。（中略）自衛隊員さんを政権と野党の立場で血みどろの政争の中に巻き込んでしまう。（中略）これを考えると、東京ならば日本国の象徴的な都市だから、全国区と意義としては余り変りはない。そういうところで、未だ全国区としての御返事を戴く前に、途中から私が栗栖さんに対して口説き直しをした。

司会　あえて険しい道を選んだ訳ですか。

栗栖　自衛隊というのは、外から悪口を言う人々でも、実際には強力な一体意識が存在しているに違いないと感じていると思います。それが、先輩と後輩が相争うと、正に自衛隊の真価が世の中に問われることになりますから、そういう顧慮が一番大きかったのと、それから、これは結果論かもしれませんけれども、防衛というのは国民に納得してもらわないとおかしい。全国で名前がある程度知られているから、タレント性で当選するというのでは意味が薄いだろう。むしろ東京都で、大げさですけれども、多少でも選挙民と接触する機会を持って、やはり自分の考えていることを聞いてもらった結果による方がより効果があるのではないか。当選そのものが目的というのではないだろうという感じがしたわけです。

栗栖は結局、六九万票余を獲得し社会党候補を上回ったものの、知名度の高いハト派の元自民党衆院議員、宇都宮徳馬に一一万票の差をつけられ、次点に泣いた。

栗栖発言への対応は、党の独自性確立に腐心を重ねた一九七〇年代を締めくくる総力戦だった。その一〇年間、委員長は西村栄一、春日一幸、佐々木良一へと変われども、春日一幸の時代であり、反共・愛国へ前傾した時代だったと総括して差し支えないだろう。

党を挙げた共産党リンチ事件への追及、元号法制化をめぐる民社党・同盟の姿勢は、労働組合に半信半疑だった右派・保守勢力の信頼獲得に貢献した。そうして、一九七〇年代を終えた民社党は次の一〇年、行政改革、教育改革、防衛・外交、エネルギー政策といった各分野で自民党との同質性を高めていく。その先鋒は民社研のスター教授、加藤寛を押し立てた行政改革の遂行。やがて針路は社公民路線から自公民路線へと傾斜していくのである。

第4章
「行革与党」で走り抜けた1980年代

1983年に行われた第37回衆議院議員総選挙での民社党のポスター。佐々木良作委員長が行革などを打ち出している（写真提供：Fujifotos/アフロ）

1　第二臨調とは何だったのか

中曽根が口説きおとした土光敏夫

月刊誌『文藝春秋』（一九七五年二月号）に「日本の自殺」という論考が載った。執筆は、匿名の研究者集団である、グループ一九八四年。前文は次のように始まる。

「ローマは蛮族に亡ぼされたのではなかった。繁栄に酔い痴れたローマ市民が労働を忘れて消費に明け暮れた結果、朽ちた大木が倒れるように歴史から姿を消したのであった。現代日本人もこの末期のローマ人に似てはいないだろうか」

二九ページに及ぶ長尺の論考では、ローマが滅亡した理由について、以下のような分析をしている。

①ローマ市民は次第に欲望を肥大化させ、労働を忘れて消費と娯楽に明け暮れるようになり、放縦と堕落、衰弱の道を歩き始めたこと、②繁栄を求める人々が帝国各地から流入し、適正人口を超えた結果、強固な結束をもった市民団のコミュニティーは崩壊。無秩序な大衆の集積地と化したこと、③求めるままに無料のパンが与えられ、時間を持て余した人々の退屈しのぎにサーカスが登場した。繁栄と福祉の絶頂に達したと錯覚していたとき、ローマ人の魂は衰弱し、ローマを没落させたこと、④大衆による身勝手な「パンとサーカス」の要求は、物価上昇と不況が同時に進むスタグフレーションの病を招いたこと、⑤文明の没落段階に付きものの エゴの氾濫と悪平等主義の流行が起こったことなどを挙げ、経済大国となった日本社会と重ね合わせて警鐘を鳴らした。

その論文に強く共感したのが、後に第二次臨時行政調査会会長となる土光敏夫だった。「できるだけ大勢の人に読んでもらわねばと思い、出版社の了解を得て、何万部もコピーして企業関係者に配った」と日経新聞「私の履歴書」で語っている。

経団連の総会など、ことあるごとに自立自助という勤労精神を説いていた土光が、第二臨調会長に就いたのは一九八一年三月だった。本人は高齢を理由に渋ったものの、人選と就任は周囲には自然の成り行きに見えた。実際、土光自身、ドルショック、二度の石油ショック、公害の深刻化、狂乱物価に直面し、産業界が合理化を推し進めた一方で、高度成長期の意識から抜け出せない行政の仕事ぶりに我慢ならなかった。

土光は一八九六年、現在の岡山市で生まれた。東京高等工業学校（東京工業大、現在の東京科学大）の機械科に入学し、タービンの先端技術にひかれて一九二〇年に石川島造船所へ入社。タービン設計課に配属された。二二年から二年間、提携先のスイス・エッシャーウィス社で最新のタービン技術を学んでいる。入れ違いで、一年前に同社に職工として派遣されていたのは奇しくも、第1章で取りあげた石川島自彊組合の神野信一だった。

土光敏夫

そして、戦後、石川島重工業社長になり、合併で誕生した石川島播磨《はりま》重工業の初代社長。六五年、石坂泰三に請われて東京芝浦電気（東芝）社長につき、七四年から八〇年まで経団連会長。鈴木善幸内閣のとき、中曽根康弘行政管理庁長官の説得で第二臨調会長を引き受けた。

そのとき八四歳だった。

就任時、土光は政府に四ヵ条を申し入れている。総理が答申を必ず実行すると明言すること。小さな政府を目指し、増税なき財政再建を実現すること。中央政府だけでなく地方自治体も対象とすること。国鉄・健保・コメの赤字解消、特殊法人の整理・民営化、民間活力を最大限生かすことだった。

委員は土光会長、円城寺次郎・会長代理（日経新聞社顧問）に加え、林敬三（日本赤十字社社長、元自衛隊統幕議長）、宮崎輝《かがやき》（旭化成工業会長）、瀬島龍三（伊藤忠商事相談役）、辻清明（蠟山政道門下の行政学者）、谷村裕《ひろし》（元大蔵次官）、金杉秀信（同盟副会長）、丸山康雄（総評副議長、自治労委員長）の計九人。その下に学識経験の専門委員らを配置し、四つの部会制で第一部会（梅本純正《よしまさ》部会長）は行革の理念。第二部会（山下勇）は行政組織・公務員給与のあり方。第三部会（亀井正夫）は中央と地方のあり方。第四部会（加藤寛）は三公社・特殊法人のあり方をそれぞれ分担した。

民社系が後押しした国民運動

古くは、日本生産性本部（一九五五年設立）の初期から「労使の協力と協議」による生産性向上に理解を示し、推進してきた民社系の人々だ。しかも、池田首相の臨時行政調査会（第一臨調）で中心にいたのは民社研初代議長の行政学者、蠟山政道。第二臨調以前から国鉄の労使問題を国会で追及した急先鋒も、国鉄出身の塚本三郎、そして現場の鉄労、同盟だった。それゆえ、国鉄大改革を視野に入れた行革への力の入れようは目を見張らんばかりだった。

民社系が引っ張る形で、臨調をバックアップする行政改革推進国民運動会議（行革推進会議）を一九八一年三月二五日に結成。その下に設けた行財政改革研究会が臨調委員の同盟副会長、金杉秀信らのブレーン的役割を果たす態勢を整えた。

一九八二年三月、行革推進会議と社会経済国民会議の共催で「国民臨調中央シンポジウム」が東京・サンケイ会館で開かれた。財界要人や学識経験者、労働組合幹部など約八〇〇人が参加。開会に先立ち、中曽根康弘・行政管理庁長官が「鈴木（善幸）首相も私も政治生命をかけて行っている。臨調答申は国民の中で論議を交わし、あらゆる角度から問題点を出し、国民の希望する一番難しい問題をもってきてもらいたい。臨調の権威、全国民の声にすがって断固やり抜く覚悟であります」。

臨調会長の土光は「肥大化した政府は国民生活の大きな重荷。行革の課題は広範であるが、国民の期待に応えられる答申づくりに全力で取り組みたい」と決意を述べた。

シンポジウムは名古屋を皮切りに札幌、福岡、高松、仙台で開催済みで、各会場の議論の模様が地域の同盟幹部から報告された後、その日の目玉イベント「国民臨調」に移り、臨調委員の金杉秀信や臨調第四部会参与の同盟副書記長、高橋正男らが行革の緊急性を訴えた。

『改革者』も世論醸成に熱心に取り組んだ。例えば特集「国鉄改革を阻む元凶」（一九八二年六月号）。塚本三郎、加藤寛らの対談「国鉄労使に直言する〜残された道は分割・民営化」に続き中村建治（東海大教授）の「国労と自民党を結ぶもの」、宮坂幸伸（鉄労情宣部長）の「国労の「労使関係」観に見る国鉄崩壊の根元的原因」、福田博幸（ラジオ日本）の「国鉄報道にみるマスコミ犯罪の記録」、寺井融《とおる》（民社党書記）の「国労・動労を増長させた新聞の責任」、志摩好達《しまよしたつ》（鉄労書記長）の「鉄労運動こそ国鉄再建の道」など、計六五ページの大特集を組んでいる。

たびたび登場する鉄労とは、国労に対抗した同盟系の鉄道労働組合。国鉄反共連盟（国鉄民同）を源流とし、新生民同、新国鉄労働組合連合（新国労、一九六二年結成）をへて六八年に設立された。新国労時代から独自の生産性教育を実施し、国鉄当局が七〇年に生産性運動（いわゆるマル生運動）を本格化させると、全面支援。ところが、国労と動労の反撃にあい、七一年一〇月末、運動は中止に追い込まれた。そのときの模様を鉄労の志摩好達は特集の中でこう述べている。

「職場規律の乱れは昨日今日の問題ではなく、一九七一年、生産性運動が中止されてからのことです。この時に経営側と労働組合側の力が逆転して、経営側は労働組合に迎合していった。（中略）もしも、あの時、生産性運動が中止されず定着していたなら、今日の国鉄の姿はなかったと思います。運賃を五年も連続で上げるような馬鹿げた国鉄にはなっていない」

改革へ待ったなしの世論も後押しし、答申は一九八三年三月の五次（最終）まで続いた。三公社改革（国鉄・電電・専売）を中心とした第四部会報告は最も注目され、国鉄改革について、同部会は「いまや単なる現行公社制度の手直しとか、個別の合理化計画のみでは実現できるものではないので、五年以内に速やかに全国七ブロック程度に分割し、これを民営化すべきだ」と踏み込んだ。

第五次答申の一九八三年には、すでに鈴木から中曽根に首相は交代。行革の目玉の国鉄改革については、国鉄再建監理委員会が設置され、八七年のＪＲ七社誕生へと突き進んでいく。

民社研のスター・加藤寛

国鉄民営化でタクトをふったのは第二臨調第四部会長の加藤寛だった。その後の国鉄再建監理委員会では委員長代理。加藤寛は、『改革者』（一九八五年六月号）で論考「分割なくして国鉄の再建なし」を発表した。

　そこで加藤は、一九八五年一月に国鉄が発表した再建案は民営化だけはするが、分割は時が来たらもう一度考え直すといった程度の認識が見てとれる生ぬるさだと批判。経営陣が明らかに再建監理委員会に反旗を翻したものだとした上で、非分割では地元に密着した輸送体系をつくれないことなど六点を挙げ、分割民営化に向かうこと以外、再建の道はないと断じている。

　日曜早朝の『時事放談』に出演していた加藤寛はおそらく、お茶の間で最も顔が売れた民社研の学者だろう。日経新聞「私の履歴書」によると、そもそもは福祉国家に関心があり、研究者の道を歩き始めた。ソ連経済を研究する中で、共産主義経済では福祉の向上は図れないと確信し、反共と福祉国家建設を標榜する民主社会主義研究会議に出入りするようになったのだという。

　そこで知り合った香山《こうやま》健一（一九三三～九七）とともに三木武夫主宰の中央政策研究所に顔を出すようになり、昭和三〇年代後半からテレビ出演が増えた。同時に講演に呼ばれる機会も多くなり、社会経済国民会議の青年教育、管理職教育、労働組合教育など、企業で働く人たちを相手にした講座の講師役に特にやりがいを感じた、とも述べている。

加藤寛

　加藤がやりがいを感じたという社会経済国民会議は、日本生産性本部と表裏一体の社団法人だった。設立は、公害環境問題に対する認識が社会で高まった一九七三年。『生産性運動50年史』（二〇〇五年）は社会経済国民会議について、「九四年までの足かけ二二年にわたり、高度経済成長から安定成長、そして低成長への変わり目に、わが国経済社会が直面する解決困難な課題に果敢に挑戦し、活力ある福祉社会の実現を目指して活動した」とその意義について記している。

その特徴は、労使双方と学識経験者、消費者、農漁業関係者、教育関係者ら国民各層の参加をえて、その時々に必要とされた政策提言をとりまとめ、その実現のために国民運動を展開したことだった。

一九八〇年代の第二臨調では、一次答申を受けて、国民会議としても国会議員の定数削減、国鉄問題など七項目にわたる緊急提言を発表。その後、先述の国民臨調中央シンポジウムを開催するなど、民間の立場から答申の実行を監視した。

設立時の議長は、吉野作造と大正デモクラシーをリードした福田徳三門下の中山伊知郎。副議長に同盟の天池清次、東大総長だった大河内一男、郷司浩平《ごうしこうへい》日本生産性本部会長、土光敏夫といった人々を配置。さらに、当初から三つの特別委員会を設置。社会環境問題特別委員会（大石泰彦委員長）、インフレおよび資源問題特別委員会（稲葉秀三委員長）、福祉政策問題特別委員会（丸尾直美委員長）のうち、稲葉と丸尾は民社研の枢要なメンバーでもあり、国民会議は民社系の学者や労働運動家、経済人らにとって、政策を完遂しうる重要な議論の場となったのである。

なお、社会経済国民会議と日本生産性本部は一九九四年に統合し、社会経済生産性本部に改組。二〇〇九年に再び日本生産性本部に改めて現在に至っている。

中曽根に取り込まれた「中道右派」

「民社無用論を吹き飛ばせ」

堀江湛によるこのタイトルの論考が、『改革者』に載ったのは中曽根政権の一九八六年一〇月だった。夏の衆参同日選で大内啓伍書記長らが落選するなど、民社党が後退したことを受けた分析・直言で、かいつまんで言うと、民社党の支持層は変化した、彼らの要求を解決するには、民社党がその変化に対応しなければいけない、と力説している。

論考によると、民社党は大都市の未組織の知識人や管理職を大切な基盤の一つとしてきた。ところがその支持を失い、大きな労働組合と（新宗連などの）宗教団体の協力に支えられて、中小企業と都市自営層におぶさって辛くも党勢を維持しているのが現状で、由々しき事態にあるという指摘だ。

同日選後、勝因について、中曽根は「支持を中道右派にまで拡大することに成功した」と胸をはった。それがまさに自民党による民社党支持層の切り崩しだったのである。

堀江ゼミが当時の東京三区（目黒・世田谷）で実施した世論調査がいみじくもそれを裏付けている。民社党支持層の中曽根内閣支持率は全体値より五・七ポイント高い五四・二％。さらに、中曽根内閣で支持する政策は何かとの問いで、「民間活力導入と国鉄改革」と答えたのは自民党支持層の七九・〇％を大きく上まわって、民社党支持層は九一・七％だった。とりわけ、国鉄改革については自民党支持層の九〇・二％に対し、民社党のそれは九五・八％にのぼったという。

そのほかにも注目すべき結果がある。「一年前より暮らし向きはどうなっているか」といった設問で、「よくなった」は自民党支持層が六九・七％、民社党六六・七％、新自由クラブ六一・七％、社会党五四・二％、共産党四八・二％、公明党四〇・〇％。「今後の暮らし向きはどうなるか」の問いに「よくなる」と答えたのは民社党支持層が最も多く七九・二％。次いで新自由クラブ六七・

七％、自民党六六・二％、社会党四六・三％、公明党四五・七％、共産党三三・三％。
堀江は「このように見ていくと、民社支持層の政治的、社会的態度や意見がむしろ自民党や新自由クラブの支持層に近く、社会党、共産党、公明党の支持層とはかなり異なっていることがわかる」という。その通り、「野党」や「社公民」というわけにはいかない民社党支持層のニーズが明確になったのである。

そして、堀江はこんな結論を導き出している。衆参同日選の真の争点は、中曽根が国際公約した内需依存型産業構造への転換が図られるかどうかだった。国際的な孤立を避けるために自由化となれば、例えば、炭鉱労働者の再雇用や農家の所得保障が求められることになる。産業調整反対と叫んでいるだけでは、当座の支持はえられても、やがて支持層の絶対数は先細りになり、ついには民社党の支持基盤は雲散霧消するだろう、と。

また、気の利いた単産（産業別の労働組合）や単組（企業別などの単立労働組合）の幹部なら、自民党政調会の担当部会に直接乗り込んで、組合員へのしわ寄せを最小限に抑えるべく、再雇用確保の手段を講じようとするに違いない。ひとたび、労組幹部と自民党の「族議員」の間にパイプができてしまえば、労組が民社党一党支持を打ち出す必要はなくなる。民社党はその瞬間から無用の存在に堕するだろうと述べ、党組織と党の基本政策の根本的見直しを求めた。

曲がり角にきた福祉国家論

行革与党。一九八〇年代に民社党が好んで使った自称である。

すでに述べたとおり、池田内閣の第一臨調の中心にいたのは蠟山政道であり、第二臨調以前から国鉄問題を追及してきたのは民社党、同盟、鉄労だった。行革与党という自称は、我が世の春到来だという気持ちの表出でもあったのだろう。ところが、それは福祉国家建設を看板としてきた民社党にとって、天に唾する事柄でもあったのである。

サッチャリズム、レーガノミクスの「小さな政府」がもてはやされた時代。第二臨調自体、新しい活力ある福祉国家のあり方を検討することがテーマの一つであり、民社党の『革新』、民社研の『改革者』にも福祉国家批判や反論が相次いで掲載されるようになった。

中曽根政権発足直後の『改革者』(一九八三年四月号)は、「福祉国家を問い直す」を特集で組んだ。編集部は特集冒頭、民社党の看板政策「福祉国家建設」が国家目標となり、国民的合意になっていったことは喜ばしいと断ったうえで、特集を企画した理由をこう説明している。

「ところが、我々が主張したのは自律・自制と相互扶助とを精神的基礎とする(それはそのまま社会主義の精神的基礎でもある)、従って国民個々の強い道徳的自覚を要件とする、そのような福祉国家であったのに、福祉が流行語になるにつれて現実に登場したのは、物質的欲望の充足をもって至上とする考え方であり、国家・公共への甘えとたかりの風潮であった。我々はこの傾向に対し不断に警告を発し、〝品格のある、うるわしい福祉国家〟を訴えてきたが、事態の基本は変わらず今日に至っている。

行政改革が我が国の将来を決する大問題として国政の焦点となっている今、福祉国家の理念と政策を根源的に問い直すにはまたとない機会である」

そうした問題意識の下、特集は組まれ、従来の福祉国家・福祉政策には数々の難点があるが、その克服により人間的な福祉社会は実現可能とする丸尾直美(中央大教授)、福祉国家の正体は大多数の国民を精神的乞食におとす「乞食国家」にほかならないと批判する竹内靖雄（成蹊大教授）といった人々が持論を展開。末尾では、民社党国会議員、同盟役員、民社研理事に「日本の国家目標として今後とも『福祉国家』を掲げることに賛成か反対か」のアンケートを実施、結果を収録している。

関嘉彦や吉田忠雄、大谷恵教、大島康正、土屋清、佐藤寛行といった学者・評論家、重枝琢巳《しげえだたくみ》、田中良一、橋本孝一郎といった同盟関係者、国会議員のうち佐々木良作や永末英一らは引き続き福祉国家を掲げることに賛成。一方、学者の気賀健三や竪山利忠、内海洋一、内田満、国会議員の部谷《へや》孝之《たかゆき》、吉田之久《ゆきひさ》は反対と答えている。対象一四〇人のうち回答者は四三人で、氏名不詳は一〇人。実名回答者三三人のうち賛成二六人、反対七人だった。

後述するが、同誌の前月号（一九八三年三月号）では「社会主義を問い直す」というテーマで大特集を組んでおり、党名に「社会主義の名称を使うべきか否か」のアンケートを実施している。民社党の「社」の字問題だ。手本とした英国労働党路線を否定したサッチャリズムが西側社会を席巻し、国内では英米と路線を一にする中曽根政権が誕生し行革が加速。「行革与党」を謳う民社党・民社研・同盟の人々も大きな流れに引きずり込まれ、現実は「わが世の春」とはほど遠かったようにも見える。

労組にとって「頼れる自民党」

ジャーナリスト、青木慧《さとし》『ニッポン丸はどこへ行く』（一九八二年）に自民党の「労組対策部長」だった元運輸相、森山欽司《きんじ》（一九一七〜八七。森山真弓元官房長官の夫）のインタビューが載っている。青木が最近、組合との公式・非公式の場が増えてきたのではないかと問うと、概ねこんな答え方をしている。

「機会は増えましたね。例えば政策推進会議なんか、選挙になれば民社党を推す組合が非常に多い。だけど民社党は私のいる自民党河本派より小さいんじゃないの。支持している政党だけではラチがあかない。自民党はなんちゅうても数が多いし、勉強しているからね。その点は社会党も民社党と同じじゃないの。自分たちを推してくれるのは当たり前だと思っているから、あまり親身になって世話しない。その点、自民党にもってくれれば、結論が出るのは速いからね」

政策の実現、スピードこそ、政権党がもつ求心力の源である。森山は自民党系労組の存在の有無について聞かれると、こう話している。

「ないこともありません。かつてあったし、今もあるかもしれない。ただ言えるのは、非常に友好的な組合があるんです。私なんか、T労組をつくったんだ。Y労組も強化したんだからね。いま同盟にくっ付いているけれど、まあ一つこういうのをあんたのところで育ててくれ、大きくしてくれと。個人的ですけど、そういうことで自民党と接触をもっている組合がありますよ。（中略）例えば、反日教組の組合で、民社党にくっ付いとる組合と、いま反日教組で大同団結しようといっとるけどね」

森山インタビューの時期を考えると、大同団結した反日教組の労組は、自民党色の強い日教連と民社系の新教組が一九八四年に合併した全日本教職員連盟（全日教連）だろう。全日教連の拠点は栃木。なるほど森山（栃木一区）は労務のエキスパートであり、しかも、自民党教育正常化委員会（一九六五年発足）の会長だった人物である。影響力を及ぼしていたとしても不思議ではない。

さて、証言をもう少し引用させてもらおう。森山は今後の労働運動について、労使協力を否定しない運動に向かって行くとし、こんな見通しを語っている。「民間のことはもう心配していませんよ。問題は公共部門だよね。これをどうもっていくか。闘争第一主義でいくのかどうか。公共部門にはイデオロギー的なものが生き残る余地がある。（中略）親方日の丸だから勝手なことをやっていますけどね、それもあとしばらくの間でね」

「親方日の丸」という甘えの構造を衝《つ》いたマジックワードは、先行き不透明な時代を生きる多くの勤労者、消費者に刺さった。行革やむなし。そんな世論の高まりに自信を深めた自民党政権の下、三公社のうち電電公社と専売公社が一九八五年に、国鉄が八七年に民営化された。

2　中曽根康弘が思い描いた国鉄改革

「私の標榜する新保守・自由主義とは」

森山欽司の「問題は公共部門。それもあとしばらく」という発言を読み、週刊誌『ＡＥＲＡ』（一九九六年一二月三〇日号）に載った中曽根康弘のインタビューを想起した。彼は国鉄改革を貫徹させた動機の在処と、その先に描いていたロードマップについてこう語ったのである。

「総評を崩壊させようと思ったからね。国労が崩壊すれば、総評も崩壊するということを明確に意識してやったわけです」

　インタビューの最終盤、聞き手が「あなたは大きな意味で日本の「左」をつぶした男ですよね？」と問うと、中曽根は言った。

「そうですよ。私の標榜する新保守・自由主義ってのはそういうものです。日本だけじゃない。ソ連邦崩壊も、レーガンと私がウィリアムズバーグ・サミットで反共包囲網を作ったことから始まっていったんですから。社会主義、社会民主主義と戦って来たんです、一貫して」

その後、筆者も中曽根と会う機会があり、以上の話の確認をした。答えは同じだった。「戦後政治の総決算」を旗印とした中曽根は大きな絵を描き、実行した。そのとき、中曽根に大きなエールを送ったのが、自民党以上に改革志向が強かった民社系の人々、従来の民社党支持層だったのである。

その参謀、瀬島龍三と中曽根康弘が国鉄改革の裏話を明かした対談が『Ｖｏｉｃｅ』（一九九七年四月号）に載っている。対談は中央省庁再編などを手がけた橋本政権の大改革のただ中で、大見出しは「橋本行革の二〇三高地　なぜ『第二臨調』は成功したか」。二人が戦略展開の肝として挙げているのは「山の突破」だ。

中曽根　大東亜戦争はいつ負けたのか。それは、ミッドウェーで日本の航空母艦が四隻撃沈されたとき、そしてガダルカナルでアメリカの反転攻勢が成功したとき。つまり、ミッドウェーとガダルカナルで勝負はついた。日露戦争は、二〇三高地を落としたときに決定的になった。そのように、戦いには山があるのです。行革にしても、ここをやったら「よくやった」と言われる、そして次が全部開けてくるというキーがあるんです。まずそれに全力を集中して落とすという戦略展開が必要です。

瀬島　大事なことは、どこかで一つ突破をして勢いをつくることなんです。今おっしゃった二〇三高地のように、ある山を突破するという戦略が必要ですし、それで勢いをつくる。改革というのは、痛むし、汗が出るし、血が出る。それをやるには、勢いがつかないとできない。

比喩とはいえ、中曽根と瀬島の二人が第二臨調での諸改革を戦場に見立てて突破を図っていったことがうかがえて興味深い。

瀬島龍三は富山出身の元陸軍参謀。シベリア抑留十余年をへて帰国し、伊藤忠会長などを務めた。山崎豊子『不毛地帯』の主人公のモデルとされる。金丸信や玉置和郎といった政界の曲者《くせもの》をてなずけ、「猛獣を家畜にしてしまった」と中曽根が対談で語っている。また、財界人として経済四団体を土光応援団としてまとめ上げ、野党への根回し、にらみも怠らない人物だったという。

国鉄総裁と鉄労などが共同宣言

後にJR東海のドンとなる、国鉄改革派の葛西敬之《よしゆき》（一九四〇〜二〇二二）は、著書『国鉄改革の真実』で、中曽根が仁杉国鉄総裁ら七人を更迭する際、元警察庁長官の後藤田正晴と瀬島龍三に意見を求め、二人が中曽根にどう進言したかを記している。

曰く、後藤田は「総裁ら三人を更迭すれば足る、要諦のみを押さえることが得策だ」と言い、一方の瀬島は「世間の反応は三人でも七人でも大差なし。中途半端ではなく、徹底したほうがよい」と述べたという。この意見の差について、葛西は「警察官僚と陸軍参謀の職業的気質を反映している」と論じているのが、言い得て妙だ。後藤田の「要諦のみ」は一罰百戒を意図し、治安をあずかる警察官僚らしいし、瀬島の「徹底」とは戦場で言えば、敵が二度と反撃してこないように大打撃を加えること、すなわち殲滅《せんめつ》だろう。中曽根はこのとき、元軍人の意見に従った。

仁杉総裁らを更迭し、一つの山を越えた葛西らの次なる一手が一九八六年一月、労使共同宣言の締結だった。「分割民営化が実行されるまでの間、争議行為などによって業務の停滞をしないようにしよう」といった内容が列記された合意文書で、仁杉の後継総裁となった前運輸事務次官の杉浦喬也《たかや》が、各労組幹部を総裁室に招き入れて、協力を求める踏み絵の形をとった。

「まあ、見てくれよ」。そう言う杉浦に、国労幹部は「こんなもの受け取れるか」と言い放って退室。続いて入室した鉄労幹部は「遅すぎるくらいだ。前から我々はこういうことをやれと言っていた。ようやく出てきたという感がある。賛成である」。動労幹部は「とにかく緊急非常の時だから、労使が協調してやるということには賛成だ」と応じ、全国鉄施設労働組合（全施労）も宣言に賛成した。

総裁と三労組の共同宣言がなり、葛西らの思惑どおり、国労はますます孤立していったのである。矢継ぎ早に社会経済国民会議発行の『創造のひろば』（一九八六年四月号）に、鉄労の志摩好達と動労の松崎明による対談が掲載された。

その中で、志摩は「雇用を守ることは労働運動そのものであり、これはイデオロギーでも何でもない。こうした問題に対し、現実的に取り組もうとしている組合を、変身だと攻撃している組合こそ無節操ではないでしょうか」と国労を批判。続けて、「動労の松崎委員長以下幹部のみなさんのように、雇用問題に目を向けて変身を遂げたのは、変身というよりは偉大な転身だと思いますよ」と動労をもちあげる発言をしている。そのとき、松崎は運動路線を定めた動労の綱領が時代にそぐわなくなったなどと明言。鉄労に約束したとおり、その後、動労は総評を脱退。社会党支持の撤回を表明した。

以上、世に言う国鉄改革三人組（井手《いで》正敬《まさたか》、松田昌士《まさたけ》、葛西敬之）の回想録などを読むと、その戦略家ぶりと辣腕さがこれでもかと披露されているのだが、JR東日本の初代社長となった住田正二はそうした手柄話と、改革三人組などともて囃《はや》す世間の風潮が気に食わなかったようだ。住田は第二臨調第四部会の専門委員や国鉄再建監理委員会委員を務めた元運輸事務次官。筆者は二〇〇一年、第四部会の議事録が開示されたことを受け、新宿のJR東日本本社で当時相談役の住田正二を取材したことがある。

曰く、「三人組なんて言っているが、若くて何も力がなかった。加藤寛さんと私ですよ」

功成り名を遂げてなお、強い自負をのぞかせていたことが印象深い取材だった。確かに、三人とも住田より一回り以上若い。また、彼らが仕えた最後の国鉄総裁・杉浦喬也も、住田から見れば二代下の運輸事務次官だったのだから、なおさらだったのだろう。

大きな絵を描いた加藤寛・住田正二のものだったのか、国鉄内部からボトムアップした三人組の功績だったのか。容易に切り分けられるものでもないだろうが、お上の容赦ない手法は、働く者たちの心の奥底に恐怖として残った。その残像は今日まで日本社会を揺曳《ようえい》しているように思えてならない。

国労闘争団元議長から見た国鉄改革

国労とて、政府の本気に気づかぬはずはなかった。政府・国鉄当局と角を突き合わせてきた国労執行部の主流派はなおさらだった。その危機感は甚大で、主流派の幹部らが次々に国労を脱退。新会社のJRに採用されなかった国鉄社員には、執行部が分裂した後も国労に残った非主流派が多かった。不採用者は九州や北海道に三六の闘争団を結成して採用差別を訴え続けることになったのである。

国鉄改革の前後を知る世代の筆者としては、確かに駅員の接客といった面は劇的に改善したと思う。高く評価していい。改革を先導した民社党、民社研、同盟、とりわけ鉄労の功績は大だろう。ただ、よいことばかりではないはずだ。

国鉄改革の反対側にいた国労、とりわけ不採用者となった人々は中曽根改革、国鉄分割民営化をどう思い、見てきたのだろう。国労闘争団全国連絡会議元議長の神宮義秋に話を聞いたことがある。JR発足から満三〇年の二〇一七年だった。

――いまの政治や社会の状況と国鉄改革はどうつながっていると思いますか。

神宮 国鉄改革は「国の形」を変える壮大な仕掛けの原点でした。JRを不採用になった当時は何が何だかわかりませんでしたが、分割民営化を主導した中曽根康弘元首相のその後のインタビュー（前出AERA記事）を読みましてね。総評、社会党をつぶして改憲へという大戦略を描いていた。そのために、護憲勢力の社会党を支え、最強の戦闘力を誇った国労を狙い撃ちしたのでしょう。

――国の形の一つとして、労使関係も変わりました。春闘で首相が賃上げを経営側に要望し、労使協調が社会の主流です。

神宮 三池闘争は合理化をめぐり企業側と労働者側が正面から対決しましたが、国鉄改革では労働界が一枚岩になれませんでした。国策である分割民営化に徹底的に反対した国労への視線は「やりすぎ」と冷ややかでした。郵政職員の旧全逓に支援を求めに行くと、「国に盾突いて、国労の二の舞いになったらたまらないから」と中央本部としての支援を断られました。地方組織は応援してくれましたけれどね。その後の郵政改革、省庁再編などで官公労はおしなべて沈黙。国労つぶしの「見せしめ効果」は絶大でした。

――そもそも、国鉄の経営が行き詰まった最大の原因は何だったと考えていますか。

神宮　政治家です。あそこに、ここにと鉄道を引かせました。「我田引鉄」です。国鉄の借金が積もる。加えて、国鉄は、戦争が終わった後の引き揚げ者らを大量に雇った労働福祉的な側面があり、ピーク時で約六〇万人の職員がいました。国鉄改革当時では二十数万人で、自然減を待つ方策もあった。それでも、政治は一気に押し切る道を選んだのです。

そこで、国労悪玉論が登場します。国鉄のもつ問題点を「労働規律の乱れ」に矮小化《わいしょうか》し、追及されるべき政治の責任とすり替えた。政権批判をされるたび、安倍首相はさかんに報道や野党による「印象操作だ」と反論しましたが、国鉄改革時はまさに政府・国鉄経営陣が印象操作をしました。そもそも、労働規律がそれほど乱れていたのなら、世界一正確で安全な列車運行ができたはずがないでしょう。

私の実家に近い鹿児島県阿久根《あくね》市では以前、激しく市職員批判をした人が市長になりました。公務員批判は疲弊した街の住民の心に刺さる。「そうだ！」「そうだ！」となった。国労悪玉論に乗った国民心理は同じです。衰退する地域では、「公務員はよか」と言われます。国鉄職員もそうでした。為政者は人心の操縦に長《た》けていて、不満の持って行き場として公務員は狙われやすい。政治家の常套手段です。

――政府の宣伝はあったとしても、民営化後、例えば接客の改善は多くの国民が実感しています。

神宮　接客態度がよくなったことはあるでしょう。ただ、サービス全体で考えれば、運賃が下がったでしょうか。朝夕の満員電車が解消されたでしょうか。効率を重んじるばかりで、安全性が軽視されてはいないでしょうか。ＪＲ宝塚線（福知山線）脱線事故ではたくさんの方が犠牲になりました。

地方路線の切り捨ても由々しき事態です。経営環境に恵まれた本州の利益を、経営の苦しい北海道、四国、九州の会社や、貨物会社に回して、オールジャパンで鉄道を維持、運営していく。そんな国民一体の思想は崩壊しました。

――国労に残ったのはなぜですか。民営化に逆らった職員が配置された人材活用センターは、廃レールを使った文鎮づくり、炎天下の草むしりもさせたと聞きます。

神宮　今で言う「追い出し部屋」です。働きたいのに本来の仕事ができない。精神的にまいって、分割民営化反対の意思表示である国労バッジを外し、多くの人が組合を去りました。職を奪うと脅され、仕方なかったと思います。ですから、一般組合員に悪感情はありません。でも、指導した組合役員は許せませんね、確信犯ですから。私のいた国労博多信号通信区分会では八〇人中六〇人が組合を抜けました。それでも二〇人が残った。上がみんないなくなって、班長の私が抜けるわけにはいかないと思いました。真っ先に国労を抜けた支部役員は、停職一ヵ月の処分歴がありながらＪＲに採用され、今では子会社の社長です。組合末端の班長で処分歴もなかった私は不採用でした。

――当時の中曽根首相や橋本龍太郎運輸相は「ＪＲ採用で組合差別はしない」「一人も路頭に迷わせない」と国会答弁しています。

神宮　答弁を聞いたときは「重い言葉だ」と喜びました。同時期、参院では国鉄改革法に関連して「組合差別禁止・全員雇用をめざす」との付帯決議もしています。しかし、すべて反故にされた。国会の軽さにあきれ果てました。

——国鉄改革には旧陸軍参謀の瀬島龍三氏が深く関与しました。JR東海名誉会長の葛西敬之氏は著作で陸軍参謀の手法について述べています。警察官僚の後藤田正晴元官房長官と違い、軍人の瀬島氏は軍隊の戦い方をしたといった内容でした。

神宮　私もその本は読みました。葛西氏ら改革を進めた国鉄官僚や政府指導者は単なる国労つぶしじゃなくて、一〇年、二〇年後の日本の仕組みを変えようとしていた。仕掛けのスケールが大きい。目先の労働条件の改善ばかり求めてきた我々とは視点がまったく違うと思い知らされました。瀬島氏もそう。彼がモデルとされる『不毛地帯』を読んで、「こんな相手じゃ、労働組合はやられるわけだ」とも思いました。元軍人だから、どんな手を使ってでも勝つ、勝者が正義だと、戦略を練ったのでしょう。

——国鉄改革から三〇年、非正規労働者が増え、ブラック企業の社会問題化、格差社会の出現など、社会全体が大きく変化しました。

神宮　もはや、「国労みたいに」と口に出すまでもなく、「クビになったらどうする！」というのが現実で、労働者が権利や安全の確保を言い出しづらい。労組に入るメリットを感じられないという人も多く、組合の組織率も低下が著しい状況が続いています。ただ、労働者が団結して経営側と交渉していかなければ、ますます労働環境は悪化します。

国鉄改革から三〇年後の二〇一七年には、国鉄改革成功の謎を読み解く形で、数多の回想や秘史をつづった本が刊行された。繰り返すが、その経営努力は賞賛に値すべきものと思う。一方で、分割された七社間の経営体力は著しく差が広がり、減便・廃線で地方の疲弊を助長した。成績重視の過剰な労務管理はJR宝塚線（福知山線）での脱線事故と無縁と言い切れるだろうか。

ストで通勤電車が止まることもなくなって便利になったが、西武百貨店でのストが大手百貨店としては六一年ぶりだと驚きをもって報じられたように、労働基本権の行使がためらわれる空気が国内全産業で充満してはいないだろうか。

国鉄改革後の自治体大合併、官公庁再編、郵政民営化、社保庁改革……。国労闘争団の神宮元議長が振り返ったとおり、官公庁の組合は国労の二の舞だけにはなりたくない、とリストラにも黙《だんま》りを決め込んだ。民社系が深く関わった国鉄改革の裏面史である。

3　教育基本法改正を狙った臨教審

戦後教育の弊害の根っこは教科書にあり

「教科書は共産主義の先生方がおつくりになる。教えるのは社会主義の先生方。金を出して一生懸命に配るのは自民党の先生方がやられるんです」

民社党の塚本三郎が持論の「教科書偏向是正」を論じたのは、一九八一年二月の衆院予算委員会だった。「例えば」と言って、石油基地、横田米軍基地、新幹線反対デモのカラー写真を口絵にした中学社会科教科書を引き合いに出し、権利の主張や自衛隊反対につながるような記述の教科書が

塚本三郎（写真提供：読売新聞社）

出まわっている、として教育現場の現状を嘆いた。

一九八〇年前後は戦後教育の弊害、現場の荒廃が叫ばれた時代だった。教師が護身用の果物ナイフで生徒を刺した東京都町田市の傷害事件、浪人生の息子が両親を殴り殺した川崎市金属バット殺害事件、横浜浮浪者狩り殺傷事件……。ショッキングな事件や非行少年事案が「学校教育」と結びつけられた。崩壊した教育を正常化させるための数多の方策が練られた中で、標的の一つになったのが「教科書の偏向」、その是正だった。

教科書改善を訴える保守派の長い運動の中で、一九八〇年代の嚆矢《こうし》となったのは、元徳島県鳴門市教育長の森本真章らの『疑問だらけの中学教科書』（八一年）だった。次いで八二年、文部省が検定で「侵略」を「進出」に改めさせたとする日本テレビ記者の誤解に端を発した教科書問題が起きると、教科書検定の規定に中韓に配慮するとの近隣諸国条項が設けられ、それらに反対する教科書正常化国民会議（気賀健三会長）が八三年に結成されている。

気賀健三は、団体の機関誌『教育正論』の創刊号で、「教科書正常化の運動を進めるには、広範にわたる抵抗があることを覚悟しなければならない。（中略）何よりもまず、全国の検定教科書を使う教員、父兄をはじめ、一般の世論形成に影響力をもつ人々に向かって、偏向の事実を明示し、偏向を生む環境を分析し、正常化の世論を盛り上げたいと考えている。偏向是正の世論をわが国の政治にも反映させ、国家百年の大計ともいうべき公正なる教育を普及させたいというのが我々の悲願である」と結成理由を述べている。

また、気賀は『改革者』（一九八四年九月号）に「左翼の脅威に鈍感な政府・与党」という論考を寄せ、教科書について「日本の歴史の暗い面を強調する。日本の政治が悪くて国民が苦労をし、反抗をした話を多く載せる。現代でいえば、労働争議とか公害問題などは大きく取り上げるが、日本の産業の発達、福祉の向上のことなどはあまり書かない。つまり根暗の記述が多いのである」と問題点を指摘。「故意に自国を讃美し、虚飾をほどこすのは許しがたいが、故意にその逆をおこなうのも、世界の非常識であろう。日本の歴史を暗く書くことは、革命をめざす左翼勢力にとっては、国民の気持ちを政府や保守的勢力から引き離す方法として有力であるに相違ない」と持論を展開した。

当時、教科書正常化運動には、気賀たちと別の流れもあった。日本会議の前身「日本を守る国民会議」の教育部門で、自前の教科書づくりの計画を進めていたのだ。

天皇を中心に日本史をとらえた、いわゆる皇国史観の中心人物である平泉澄の弟子筋で、日本教師会会長などを務めた稲川誠一は教科書正常化国民会議の創立大会で両者の協力を訴えた。「志向は同じでも、幕末の寺田屋騒動（薩摩藩士の同士討ちで、坂本龍馬襲撃とは別の事件）の再現を懸念する。両者の和合提携を祈念してやまない」。

結局、教科書づくりは「日本を守る国民会議」が乗り出し、一九八六年に高校用『新編日本史』が検定を通過した。教科書に記載された執筆者名を挙げると、稲川のほか、後に日本会議副会長となる小堀桂一郎や、民社研理事の評論家、村松剛《たけし》らが名前を連ねていた。

『改革者』は一九八六年九月号で、「教科書外圧検定事件」を特集している。村松剛は「総括・『新編日本史』検定事件」というタイトルの論考を発表。そもそもは八二年の教科書騒動で政府が対応を誤り、近隣諸国の感情を顧慮するという官房長官談話を出したことで、「以後の教科書は、日本軍はアジア各地で侵略と虐殺ばかりやってきたという、ほとんどアジ文書的な色彩を強めてきた」と問題の深刻さを指摘。『新編日本史』の教科書づくりについて総括し、「中共側は、自分たちの好きな史観を日本に押しつけたい。そういう彼らの願望に対して、いかに日本政府がだらしないかということを、今度の四回にわたる修正ははっきり示している」との見解を示した。

教育基本法改正が狙いだった臨教審

教科書正常化運動の二つの流れが、一九九〇年代後半の「新しい歴史教科書をつくる会」への胎動だったとすれば、八〇年代の教育界におけるクライマックスは、やはり中曽根内閣の臨時教育審議会（臨教審）だろう。第二臨調が土光敏夫というカリスマ経営者を担ぎ広範な支持を集めたことで、「臨調」は改革の金看板になり、その後、「〜臨調」を名乗る団体が散見されるようになった。「行革与党」民社党は八三年六月、縦割り行政を排し全行政府を挙げて取り組む「臨調方式」が最善の方法であるとして教育臨調を提唱、党首会談などを通じて中曽根内閣に設置を働きかけている。

そうして、一九八四年八月に設置された首相の諮問機関が臨教審だった。会長に岡本道雄（京大総長）、会長代理に石川忠雄（慶應義塾長）と中山素平《そへい》（興銀元頭取）の二人。教育理念を話し合う第一部会（天谷直弘・元資源エネルギー庁長官）、生涯教育・社会の教育諸機能を検討する第二部会（石井威望《たけもち》・東大教授）、初等・中等教育改革が担務の第三部会（有田一寿《かずひさ》・中教審委員）、高等教育改革を論じる第四部会（飯島宗一・名古屋大総長）と担務を決め、瀬島龍三や金杉秀信、香山健一、中内功《いさお》、内田健三といった委員、俵孝太郎や山本七平、高橋史朗、石井公一郎、屋山太郎、公文《くもん》俊平、渡部昇一らの専門委員で審議会を運営した。

「臨教審設置は憲法改正や教育基本法改正の布石ではないかとのご質問ですが、そのような政治的思惑によるものではありません」。臨教審発足前、設置法案が審議された一九八四年七月の参院本会議で、中曽根はこう答弁している。ところが、約二〇年後に著した回想『自省録』などによると、答弁はまったくの方便で、「国会の承認をとるために一応、教育基本法には手をつけないと約束したが、いざとなったら枠を越えてしまえと私は腹をくくっていた」と当時の心境を明かしている。

曰く、臨教審の本丸である教育基本法は、平和や人権、人格、民主主義といったよいことずくめの文言が並んではいるが、日本の伝統、文化、共同体、国家、責任や義務、そうした縦を貫く背骨をほとんど持ち合わせていない。そう考えてきた中曽根にとって、教育の退廃の淵源と映っていたという。

組織づくりは、教育改革に手をつけた世界の指導者、カナダのマルルーニーやフランスのシラクらの助言を参考に、財界人をトップにしようと考えた。土光敏夫に匹敵する経済界の大物、意中の人物は「財界の鞍馬天狗《くらまてんぐ》」の異名をとった興銀の中山素平だった。ところが、「専門外だ」と固辞され、不承不承、京大の岡本道雄を会長に据えることになったのが、つまずきの始まりだったという。

中曽根は自らの本意を伝えるべく、会長就任時に岡本に胸の内を明かし、強く共鳴してくれたことに安堵したものの、文部省の中央教育審議会に重きを置く文部官僚や族議員らの抵抗もあって、岡本の臨教審では教育基本法改正論議に踏み込めなかった。中曽根は「結局、大学人の岡本さんは文部省の枠に拘束されて身動きできなくなったのです」「教育改革をまっとうすることができなかったのは、本当に残念で慚愧《ざんき》の念にたえません」と記している。

結局、臨教審は各部会が週一回のペースで会合をもち、一九八五年六月から八七年八月まで四次にわたる答申を出し解散したのだが、教育基本法改正への中曽根の思い入れは、教育関係者を刺激、鼓舞したようだ。

「美しい日本人の心を育てる教職員団体の創造」を掲げ一九八四年に結成した全日教連はその年、東京・大手町の日経ホールで「教育改革——何をどうする」をテーマにしたシンポジウムを開いた。会場には現場の教師ら約六〇〇人が参加した。

教育学者の久保田信之が司会をし、パネラーには臨教審委員の有田一寿と金杉秀信。社会評論家の川上源太郎、日経新聞の黒羽《くろは》亮一《りょういち》、教育史研究の鈴木博雄、俵孝太郎らが登壇した。有田は、教育基本法に宗教的情操の涵養《かんよう》や国を愛する心、伝統・文化の尊重などの文言を付け加えることを提唱。金杉は、教育の理念について意思統一する必要性を訴え、教育基本法の見直しを主張した。

先述したように、臨教審を頂点とした教育改革のうねりは一九八〇年代には本丸に到達しなかった。ところが、全日教連は保守系の全国教育問題協議会（全教協）と歩調を合わせ、改正運動を継続。「美しい国」を標榜した第一次安倍政権の二〇〇六年、教育基本法は全面改正に至るのである。

4　スパイ防止法案への意欲

特定秘密保護法の原型

「何しろ日本はスパイ天国と言われるような国でありまして、防衛庁の職員までが関わるような事件もあります。そういうところから自民党の皆さんが非常に心配をされまして、案を練って提出してきたわけでございます」

中曽根康弘首相がそう答弁をしたのは、通常国会会期末まで残り一〇日となった一九八五年六月一五日の参院決算委員会だった。その九日前、「国家秘密に係るスパイ行為等の防止に関する法律案」を自民党が議員立法の形で提出。中曽根は野党からその扱いを質問されたのだ。

スパイ防止法案は「外国に通報する目的をもって、国家秘密を探知、または収集したもの」の処罰を目的とし、罰則には死刑、無期懲役を規定。最終日の六月二五日、新自由クラブを引き込んで異例の記名投票をした結果、法案の継続審議となったものの、「国民の知る権利を侵害する」などとする野党、法曹界、メディアなどの猛烈な反発をあび、一九八五年末の臨時国会で廃案になった。

第二次安倍政権で成立した特定秘密保護法の原型だ。

秘密保護法制をめぐる戦後の動きは、自衛隊増強の節目と重なりあう。日本はスパイ天国で、米国の先端技術が日本から敵陣営に流出するおそれがあって、同盟国とはいえ情報を共有できない。だから法整備が必要だという理屈だ。

古くは一九五〇年代、兵器の国産化が図られ、同時にミサイルやジェット機を米国から導入することになった際、「日米相互防衛援助協定等に伴う秘密保護法（ＭＳＡ秘密保護法）では不十分」という懸念が拡大。六〇年安保改定前の五八年には自民党治安対策特別委員会が防衛秘密だけではなく、外交交渉も対象にした防諜法案大綱をまとめた。岸信介首相は防諜法制定を求めたものの、世論の反発が激しく、法案は国会に提案すらできなかった。

もう一つは秘密漏洩事件の相次ぐ発覚だ。そのたび、新たな秘密保護法の必要性が声高に叫ばれた。一九七〇年代後半、栗栖弘臣統幕議長の超法規的行動発言をめぐって有事立法論議に火がつくと、議論は秘密保護のための法整備に話がおよび、福田赳夫首相は「将来、秘密保護法は検討の対象だ」と発言した。

そうした折、一九八〇年一月に宮永幸久元陸将補らの自衛隊スパイ事件が発覚。元陸将補は現職自衛隊幹部二人を使って秘密文書を入手し、ソ連駐在武官に渡したとして自衛隊法違反で立件された。また八二年には、米国に亡命したKGB元少佐レフチェンコがソ連の対日工作について証言した。

以上のような流れを受けて、自民党安全保障調査会は法案づくりに着手。立法に慎重だった大平正芳、鈴木善幸の両内閣から、中曽根内閣に代わると、水面下で法制化が加速していったのである。

一九八四年四月には、岸信介が会長を務める「スパイ防止のための法律制定促進議員・有識者懇談会」が発足。自民党内で練られていた三次案を微調整し、議員立法を目指したものの、先述のとおり、八五年末の段階で廃案になった。民社党の場合、岸の懇談会には計八人が参加、春日一幸は顧問を引き受けた。ところが、党内に反対意見が多く、民社党全体の運動にはならなかった。

勝田吉太郎の悲憤慷慨

廃案直後、以前から自民党と民社党の連立を主張してきた京大教授の勝田吉太郎は、民社党の機関誌『ｋａｋｕｓｈｉｎ』（一九八六年一月号）で、春日らは意欲を見せたのに、党がその後そっぽを向いてしまったような状況に悲憤慷慨《ひふんこうがい》した。「こんな調子では、民社党は所詮、社会党、公明党と同じ穴のムジナかといった印象を国民に与えるのがおちだ」。民社党はあくまで国家的、普遍的見地から現実的、良識的な政策を提示すべきであって、新聞世論の批判を恐れることなく、戦後政治の総決算という名の「静かな革命」路線に協力すべきだと訴えた。

一方、自民党は一九八六年二月に再起動し、スパイ防止法制定特別委員会（松永光委員長）を設置。最高刑を死刑から無期懲役に一段下げ、公益目的の正当な出版報道であれば罰しないよう手直しもし、同年五月には修正案をとりまとめた。「死んだふり解散」と言われた衆参同日選（八六年七月）への悪影響回避を考え、その間は法案推進派の動きは深く潜行。自民党が三〇〇議席の大勝をすると、余勢を駆って法案再提出に突き進むかに見えた。ところが、旗振り役の岸信介が八七年八月に死去。中曽根長期政権も同年一〇月末をもって退陣。気運は一気にしぼみ、法案の名称と条文から「スパイ」の文言を削った「防衛秘密を外国に通報する行為等の防止に関する法律案」はお蔵入りになった。

勝田吉太郎

昭和末期のスパイ防止法制定運動を概観すれば、保守国民運動の側でフル稼働したのは栗栖発言の翌一九七九年に発足したスパイ防止法制定促進国民会議（宇野精一会長）だった。中核は旧統一教会系の国際勝共連合。呼びかけ人・発起人には民社党参院議員を務めた元立教大総長の松下正寿や『月曜評論』を主宰した桶谷繁雄、「英霊にこたえる会」会長などを歴任した元検事総長の井本台吉、思想家の安岡正篤、「政教関係を正す会」を設立した憲法学者の大石義雄、「日本を守る会」代表委員の円覚寺住職・朝比奈宗源《あさひなそうげん》、日本生産性本部会長の郷司浩平ら。運営委員には元警察大学校長の弘津恭輔、憲法学者の奥原唯弘《おくはらただひろ》といった人々が顔をそろえた。

国民会議は自治体議会でのスパイ防止法立法を求める決議を積み上げ、各地で法案理解のための集会を開催。原案と修正案の対比表や、世界各国のスパイ防止法事情、戦後のスパイ事件史などを盛り込んだ『誰にもわかる「スパイ防止法」』（一九八七年）を世界日報社から出し、自民党の法案再提出を後押ししようと最後までねばった。

同書によると、一九八七年七月時点で、全国三三二三自治体のうち、二八県と一七六二市区町村の計一七九〇議会が法制定に賛成する決議をしたという。都道府県別にみると、北陸三県はほぼすべての市町村議会が決議するなど、運動が浸透していたようだ。また、同書巻末には「あなたにも、いますぐできるスパイ防止法制定の促進運動」として衆参議長宛の請願書の文面が添付されていた。日本の平和と安全を守り、かつ国際的信頼を保ち、国民の生命と財産を守るために今国会でスパイ防止法のための法律を制定することを求める、といった内容で、署名捺印のうえ地元選出の国会議員事務所に郵送するよう促している。元号法制化のときと同様、地方議会での決議をとりまとめ、政府・国会へと攻め上がる草の根保守運動の手法と、運動にかける熱量の高さが見てとれる。

勝共連合の咆哮

「共産主義は間違っている！」「安倍政権を応援しよう！」

安保法制の審議がヤマ場を迎えていた二〇一五年頃のことだ。国際勝共連合系の学生組織「UN

ITE」がそんなシュプレヒコールの下、東京・渋谷の街を練り歩いた際、同行取材したことがある。その時すでにソ連邦崩壊から四半世紀近くが経過。政権へのエールはともかく、共産主義うんぬんのかけ声に「いまどき、それ？」と意表を突かれた気がした。一九世紀の資本主義を修正する上で役割を果たしはしたものの、二〇世紀の壮大な実験「共産主義国家」への評価は、多くの大人にとって決着した話であって、シュプレヒコールで訴える内容にしてはあまりに時代錯誤、陳腐に思えたのである。

その頃、勝共連合の活動を取材すべく関係先と交渉を進めていて、当時の事務総長と渋谷エクセルホテル東急で顔合わせをすることになった。取材趣旨を説明して先方のOKが出れば、後日、正式な取材をするという腹づもりで臨んだのだが、事務総長は私と先輩記者の顔を見るなり、まくし立てたのだった。

「取材なんか受けるか。朝日が大騒ぎしたスパイ防止法が成立していたら、拉致だって防げたんだ！　書いたのはお前たちか！」

法案が国会に上程された一九八五年頃、筆者は田舎町の高校生だった。先輩はその頃、地方支局勤務。そう説明したものの、先方の怒りは一向に収まらず、想定していたその日の段取りを断念。仲介してくれた勝共幹部らに礼を言ってその場を離れた。右翼取材をしていて似たようなことはそれまでにも何度もあったが、その剣幕は一、二だった。それほど、彼らが全力を傾注してきたことの表れだったのだろう。当のスパイ防止法は昭和末期の攻防をへて、約三〇年後の第二次安倍政権下、特定秘密保護法に形を変えて成就したのである。

こうして一九八〇年代を概観すると、省庁再編、つくる会教科書の発行、教育基本法改正、特定秘密保護法成立など、その時代に種がまかれた運動や政策が年月をかけて二一世紀の今日に実現していることに改めて気づかされる。民社党・同盟は、そうして中曽根行革の時代を自民党とともに駆け抜けたわけだが、党勢は一九八三年の総選挙をピークに緩やかに後退し始めた。労働戦線統一、政界再編の荒波の中で、同盟解散、民社党解党が近づいていた。

第5章
同盟の解散、民社党の解党
——敵が消えた世界

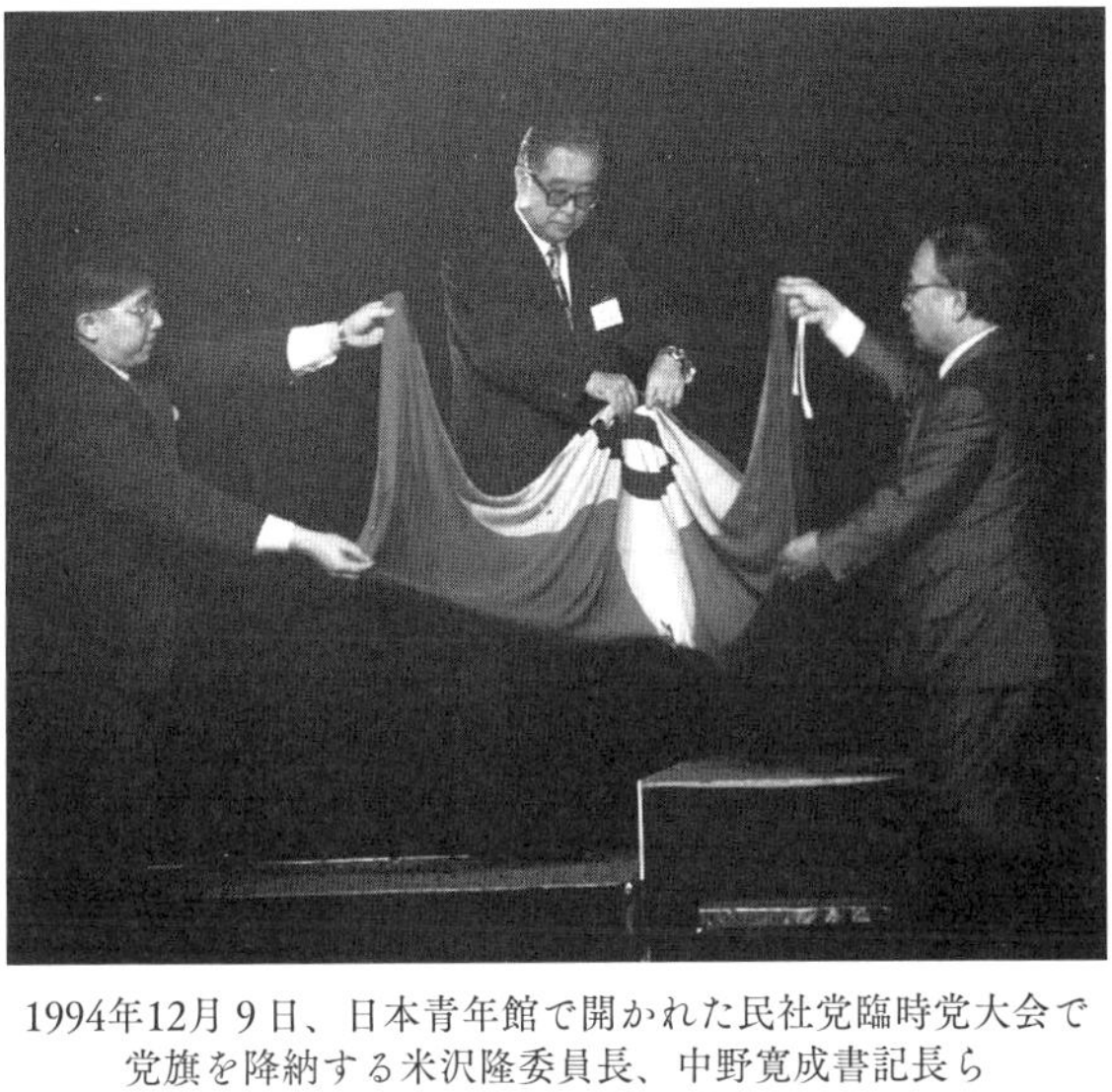

1994年12月9日、日本青年館で開かれた民社党臨時党大会で
党旗を降納する米沢隆委員長、中野寛成書記長ら
（写真提供：読売新聞社）

1　政界再編の大波

共産抜きの労働戦線統一

労働戦線統一は、一九八七年の「民間」連合（全日本民間労働組合連合会）誕生、八九年の「新」連合（日本労働組合総連合会）の二段階を踏んで今日に至っている。そのプロセスで排除された共産系の統一労組懇は、「労使協調路線、反共にもとづく右翼的再編だ」「現代の大日本産業報国会」などと連合を批判して、全国労働組合総連合（全労連）に結集した。また、連合、全労連のどちらとも距離を置く全国労働組合連絡協議会（全労協）も誕生した。

同盟は一九八七年一一月一九日、東京・厚生年金会館で臨時大会を開き、二三年の歴史に幕を下ろした。同盟会長の宇佐美忠信は「同盟解散という不退転の決意で連合結成に対応したことは、自由にして民主的労働運動が連合の中で生かされ、継承されるものと判断したからである。正しい決断だったと評価されるよう、努力していかなければならない。同盟の理念、方針の定着化を図ろう」とあいさつ。来賓の民社党委員長の塚本三郎は「同盟の旗印が連合と変わっても、魂は決して変えるべきではない。同盟は日本の労働運動史上に不滅の金字塔を築いた」と労った。

最後に、全員が同盟歌を合唱する中、深紅の同盟旗が会場を一巡し、翌日の民間連合結成大会へのセレモニーを終えたのだった。

また、同盟の解散に先立ち、経過措置として友愛会議が設立され、一九八七年一〇月二二日に大会を開いた。議長となった宇佐美忠信は「すぐには連合の中で消化できない政策があり、国民運動

永末英一

がある。友愛会議がそこを担当し、やがて連合の中で消化されるよう努力をしていかねばならない」と設立趣旨を説明。民社党との関係について、「日本の政治のため、勤労者の生活のため、民主社会主義勢力の拡大が大事」と一層の支持を強調した。

友愛会議には同盟のほとんどの組織が移行した。書記局に政治・国民運動担当をおき、従来通りの定期協議を開催。選挙時の資金カンパや人の派遣を続けることが決まった。その後の代表者会議で、助言・提言をする「民社党と語る会」の結成で一致した。

語る会は一九八七年一二月、都内で発会式を開催。民社党への政策提言やシンパの拡大を目指し、各都道府県に支部組織を置くこととした。代表世話人は磯村英一、宇佐美忠信、加藤寛、小松雅雄、田久保忠衛、得本輝人《とくもとてるひと》、村松英子、山岸章、吉田忠雄ら。座長は磯村が務め、座長代行に加藤と小松、幹事に田久保、吉田が就任した。

一九八〇年代後半の資料を調べていると、民社系勢力が労働戦線統一後に向け、着々と地歩を固めていった様子に感心させられる。と同時に、民社党について言えば、思惑どおりに行かなかったことが多かったように見える。例えば、田中角栄元首相の一審有罪と行政改革論議の沸騰を追い風に臨んだ一九八三年の衆院選で、結党以来最多の三八議席、約四一三万票を獲得。右肩上がりを続けるのかと思いきや、そこが党勢のピークだったことだ。

連合発足の一九八九年、塚本三郎がリクルート疑惑に絡んで委員長を辞任（二月）。塚本の後見人であり、党の顔だった春日一幸が死去（五月）。佐々木良作の引退表明（九月）と続き、連合結成直後の衆院選（九〇年二月）で、永末執行部は社公民共闘を選択。結果、当選わずか一四議席の大敗を喫したのだった。

塚本元委員長「社」の字を捨てよ

「〝倒産寸前〟民社党は「民主党」に改名せよ！」

『文藝春秋』（一九九〇年五月号）に民社党前委員長、塚本三郎のインタビュー記事が載った。

民社党は直前の衆院選で二五議席から一四議席に大きく後退。政党単独での議案提出に必要な二〇議席を割った上に、結党以来最低の議席数となったことで、後任委員長の永末英一と犬猿の仲の塚本が、四月二四日からの党大会を前に月刊誌を使って揺さぶりをかけてきたのは明白だった。仕掛けは奏功。永末を引きずり下ろす流れに持ち込み、永末・佐々木良作が推す米沢を、塚本直系の大内啓伍が寄り切る形で、大内委員長・米沢書記長の新体制に決着した。

大内が委員長になり、塚本がぶち上げた党名変更は党立て直しの新生委員会の中で、綱領見直しなどとともに議論されることになった。党名変更は塚本にとって積年の重要課題だったのである。

自身、民社党の議員・党首として約三〇年間、民主社会主義と共産主義、社会民主主義のちがいを説明し続けたものの、「社会」とつけば共産主義の亜流のような認識が日本の有権者には定着。支持がまったく広がらない。ならば、この際、日本流の「社会主義」とははっきり絶縁しようではないかと考えた。

曰く、「あくまで私案ですが、「民社」の「社」という字は新党名に入れるべきではないと思っています」「素案として、わかりやすく「民社」の「社」を取った「民主党」にするとか、あるいは「新・民主党」とかということも考えてみました」（前出『文藝春秋』）。

かつて日経連専務理事が党名変更提案

すでに触れてきたとおり、塚本だけでなく、党全体にとっても党名の扱いは古くて新しい問題だった。結党前夜、水谷長三郎が推す勤労国民党か、西尾末広の民主社会党かで拮抗した末に投票で決定。略称だった民社党を正式党名としたのは一九六九年一一月。その後も「これでいいのか」と自問自答し続ける勢力が党内には存在していたようだ。

結党二〇年記念に発刊された『民社党全国議員名鑑』（一九八一年）という分厚い本がある。そこに掲載された松崎芳伸《ほうしん》（日経連専務理事）の祝辞「民社党への注文」がおもしろい。松崎は、かつての民社党福井県連委員長で、「党名」について意見している。

「かつて私は民社研のセミナーで「自分は民主社会主義者である」と自称される先生に、「民主社会主義という社会主義とはどんな主義なのですか」と質問したことがありますが、納得のいく答えはえられませんでした。「自分は社会主義者である」と名乗りさえすれば、「あの人は進歩的な人間だ」と世間が思ってくれる。社会主義の内容なぞ、アプリオリに決まっていて、説明する要はないという態度なのかもしれませんが、いずれの日にか政権をとることを目的としている民社党がこれでは物足りないと思います。まさか社会主義協会ばりにソ連型の社会主義社会を理想としておられるとも思いませんが、内容をもっと具体的に、一般庶民にわかりやすく、かつ選挙民の支持をえられるように説明される要があるのではないでしょうか。説明がつかないのなら「社」の字に「サヨナラ」をされてはいかがでしょうか」

松崎は東大卒、労働官僚、中央労働委員会事務局長、製鉄会社などをへて、一九六九年に民社党公認で衆院選福井全県区から立候補、落選。その後は長らく日経連専務理事を務めた人物だ。労働問題のエキスパートが党のイデオロギー、民主社会主義を理解できなかったという。松崎の提案が載った名鑑が刊行された八〇年代初頭は、民社党が行革与党を自称し始めた時代だった。社会主義と行革推進の整合性をめぐって問題視する向きもあって、その二年後の八三年、党・同盟・民社研の一部が名称変更に動き出したのである。

「社会正義の「社」だから」という郷愁

塚本三郎は書記長時代、『改革者』(一九八三年三月号)の特集「社会主義を問い直す」で党名変更議論に一石を投じたことがある。吉田忠雄が巻頭言で、「歪んだ社会であるソ連や中国の姿勢を正すためにも、社会主義を本来の姿にかえしたいものだ。もしそれができないというのなら、社会主義という用語を我々はきっぱりと返却すべきだ」と地ならしし、続いて吉田と塚本、同盟書記長の田中良一が鼎談《ていだん》。「社会主義のイメージが地に墜ちた状況をどう受けとめるべきか」で意見を交わしている。

そこでは社会主義という言葉とともに、民社党が好んで使ってきた「革新」も課題の一つに挙げられ、「革新」では共産党や社会党左派と同列に扱われるとして、「中道」という表現に置き換えるようにしている、と塚本。同様に、田中も「保革逆転」とは言わず、「与野党逆転」という言い回しで「革新」を意識的に避けている、と相槌《あいづち》をうった。

それからまた数年。塚本が委員長になって、党名変更を周囲に相談してみると、大部分の人が賛成したそうだ。ところが、先輩の中には社会主義に対する郷愁をもった人が多かった。「民社の「社」は社会主義の「社」じゃない。社会正義の「社」だから残しておけよ」という答えが返ってきたという。

塚本のボスである春日一幸ら、党綱領に愛着をもつ重鎮も多くいた。

先述のとおり、一九九〇年の衆院選敗北を機に党綱領は正式に見直されることになった。大内啓伍をトップとする新生委員会は民社研の関嘉彦、加藤寛、田久保忠衛、吉田忠雄の四人に新綱領起草への協力を要請した。焦点は、六二年の党綱領が党の基本原理として、「我々は社会主義社会の実現に努力する」と記し、経済の秩序に関し、「経済計画化をおこなうに必要な限りの、巨大な経済力を国民的統制の下におくため必要な範囲の、産業の公有化や社会化は公共の利益をはかる公正な方法として主張する」と謳っていることだった。

中間段階で、早々に、社会主義社会の実現、産業の公有化や社会化などの表現は消去。基本理念の「民主社会主義」の扱いについて激論となったものの、「我々は民主社会主義に立つこの道を今後とも推し進め、時代の要請に応え、発展させていく」と路線堅持が明記され、一九九二年の党大会で新綱領は採択された。

採択の翌月、『ｋａｋｕｓｈｉｎ』（一九九二年六月号）に鼎談「民社党新綱領を読む」が載った。評論家の近藤正は、新綱領づくりで焦点となった民主社会主義について、こんな持論を展開している。

自由民主主義の「正嫡」

「民主社会主義はよく指摘される通り、自由民主主義の正統の嫡子です。とりわけ日本においてはそれが言えます。民社党が自由民主主義の正嫡であることは、国内政治のみならず対外関係において重い意義をもっています。（中略）新綱領で自由民主主義の発想が一段と強調されている点は当然とはいえ、評価されるべきです」。米国との唯一の絆が自由民主主義であって、対外関係、つまり日米摩擦の一層の過熱が憂慮される中で、とても大切だという主張だった。

近藤によると、党の背骨である民主社会主義は自由民主主義の正嫡だという。しかし、公式の場では一貫して「民主社会主義こそ社会主義の本流だ」と主張がされてきたはず。しかも、日本には一九五五年の保守合同の際、自由民主主義を最も端的に象徴するとの理由で新党名とした政権政党の自由民主党がある。政治学の定義がどうかはともかく、実にわかりづらい。

ただ、一つ明確になったのは、民社党系と自民党系の間で垣根低く人々が往来しているのは、思想の境界線が極めてあいまいだからなのかと、筆者の中で決着したことである。

さて、懸案の党名変更問題は新綱領の決定後に議論が再開。ところが、政界再編の激流に巻き込まれ、党名変更に割くエネルギーや時間はないまま、一九九四年に民社党は解党し、多くの議員が新進党に合流する。

なお、春日執行部が一九七二年に創刊した機関誌『革新』も、ひらがなの『かくしん』（八二年改題）、ローマ字の『ｋａｋｕｓｈｉｎ』（八六年改題）に表記を変えながらも、読み方はカクシンであり続けた。

革新という言葉が誤解を与えるとして「抹消」の危機に瀕していたことはすでに述べたとおり。

むろん、民社党にとっての革新とは、民主的手段を通じて改革改良していくという意味であって、マルクス・レーニン主義に立脚した革新とはまったく違う。だが、言葉の意味やニュアンスは時代と共に変わる。社会主義にしても革新にしても、大衆の認識とは乖離《かいり》しているのに、自分たちの正統性に拘泥し、自縄自縛になった面がなかっただろうか。

マルクス主義に汚染された先達たち

党の新綱領が話し合われていた当時、慶應大の政治学者、中村勝範による論考「古文書としての党綱領を越えて」が機関誌『ｋａｋｕｓｈｉｎ』（一九九〇年八月号）に載った。中村は中村菊男の愛弟子である。その論考では、結党時に作られた旧綱領を逐条で読み解き、結論として、先達たちが反共を叫びながらも、いかにマルクス主義に洗脳・汚染されていたかを論証している。

中村は「旧綱領は博物館でみる古文書のようだ」と書き記し、ただし、それは三〇年間の劇的な時代の変化ゆえであって、執筆当時は新鮮で現実的で当を得ていたと先達たちに配慮も見せているのだが、筆が進むにつれ次第に舌鋒が鋭くなっていく。例えば、次のような旧綱領の資本主義観である。

「資本主義社会組織は、産業技術とともに巨大な生産力を発展させたが、他方それはまた勤労者の窮乏と失業とそして隷属を生み出した。資本主義と前後して発達した民主主義は、個人の自由の観念を拡大したが、資本主義の利潤追求経済の犠牲となって窮乏に陥っている人々にとって、その自由も有名無実なものに過ぎなかった」

中村は指摘する。「この資本主義観は共産主義者のそれと、どこか違うであろうか。驚くべき一致というべきではなく、実は同根と考えるべきだろう」。そして、「資本主義の下に民主主義、自由の観念が芽生えたが、資本主義下にあえぐ人々にとってはそれらの観念は有名無実なものにすぎなかった、という箇所はまことにまずかった。こうした思想はマルクス主義のものであるだけではなく、全面的に誤りであることは今日では周知のところである。しかしながら、三〇年前にはマルクス主義者と、この点に関してもまったく同じ思想で出発したのであった。しかも、共産党と戦い、社会党を克服できるのが民社党であると信じてである」と手厳しい。

また、資本主義が抱える問題について、旧綱領が「有り余るコメが腐りかけている倉庫の横で、飢えに泣く一家が心中するような矛盾した現象も少なくなかった」などを記している点をピックアップ。「これはもはやそのままマルクス主義のテキストになる。民社党は何をなすべきかという点を論ずるにあたり、マルクス主義者と同じ目で、同じ点に注目していたのでは民社党としての独自の行動はとれない。（中略）こうした主張に賛成する者の多くはたぶん民社党ではなく、社会党か共産党、おそらく共産党へ投票したであろう」と資本主義の弊害追及に分量を割いていることへ疑問を投げかけている。

読み解きは続き、「民社党綱領を執筆した世代は、むろんまったく自覚するところはなかったであろうが、マルクス主義におかされること甚だ重症であった」と評した上で、旧綱領にはマルクス主義批判を含めて「マルクス」という表記が過剰であり、マルクス主義に対するコンプレックスの可能性を指摘していることも注目される。

結党時は安保闘争、三井三池炭鉱争議……。社会が動揺した時代だった。それゆえ、重苦しい綱領になったにせよ、後の日本の歩みは悲壮な綱領とは違い、飛躍をとげた立派なものだったと中村は考える。なのに、「かくも古い思想に汚染された綱領を掲げてスタートした。当時の保守党が所得倍増政策を打ち出したとき、新党にそぐわない固い綱領を制定したのである」と指摘するのである。

そして、大衆心理との乖離をこう読み解いた。「無意識のうちにマルクス主義に洗脳されていたということである。我々はマルクス主義に反対しながら、実は知らず知らずのうちにマルクス主義に汚染されていた。我々はマルクス主義の言葉をもってマルクス主義と戦っていた。こうした我々の矛盾に、大衆はなじめないものを感じていたのである」

中村の論考を読んで筆者が思い出したのは、民社研の第一回全国会議（一九六〇年）だった。来賓の森戸辰男は「民主社会主義の思想は、マルクス主義と対決しなければならない宿命にある」とした上で、民主社会主義にはまだしっかりした理論的体系ができあがっておらず、一〇〇年の歳月を経て一つのまとまった理論体系をもつマルクス主義に対決しうる理論を備える必要性を訴えた。途中、マルクス主義は窮屈で教条的などと欠点を指摘し、民主社会主義は抽象的で固定化、精緻な理論をつくるべきではないとしながらも、マルクス主義は容易ならざる理論的なイデオロギーだと言外に認めているような印象を覚えた。それゆえ、中村勝範の違和感と論証はどれも納得のいく指摘に思えたのである。

民社党解散・民社研は政研フォーラムに

その論考から四年あまりたった一九九四年一二月九日、民社党が日本青年館（東京）で解党大会を開き、新進党への合流を正式に決めた。外交防衛問題や行政改革で「自民党より積極的」な姿勢を示しながら、五五年体制の狭間に埋没し、結党時の衆院四〇議席、参院一七議席を一度も上回ることはなかった。

解党大会で、最後の党委員長の米沢隆は「政界再編と新党づくりは民社結党の原点。ようやくその日を迎えることができた」「民社党の魂は不滅だ。しかし、新しい生命を生み出すために身を捨てて、生まれ変わらなければならない」と決意を語っている。

同じ一九九四年五月、民社研は「政策研究フォーラム」に改称した。理事長になった政治学者の堀江湛は『改革者』（九四年五、六月号）で、改称の理由に「民主社会主義の思想と政策の勝利」を挙げている。旧ソ連共産党が解体直前、民主社会主義をもって国家目標にすると宣言せざるをえなくなり、日本国内においては民社研が掲げた当初の目標「全国民中産階級化」「福祉国家建設」が達成され、さらなる社会の改革と発展のための方向と政策の提示が求められるに至ったこと。また、民社党が政権与党になり、旧来の民主社会主義を超えた新しい時代に即応する幅広い活動と柔軟な姿勢が必要になったことなどを勘案した結果だ、と説明している。

2　民社党はなぜ最後まで伸び悩んだのか

「保革の線引きに振り回された」

『改革者』編集長を務めた遠藤欣之助が「立派な理論をもち、有名な学者に見守られて発足した民社党が過去の選挙で苦戦しているのと比べて不思議でならない。これは真剣に考えなければならない問題である」。そう述べたのは『創価学会＝公明党と民社党――われわれはいかに対処するか』（一九六五年）で、連戦連勝の進撃を続ける公明党と、伸び悩む民社党とを対比してだった。党関係者は一九九四年に小政党のまま解散した民社党の問題点をどう考えていたのだろう。

その一端が垣間見える興味深い本に、党本部書記らが執筆を分担した『民社党の光と影』（二〇〇八年）がある。内側にいた人々の心理を知るには絶好の書だ。例えば、第二一章「民社党の伸び悩みと解党」には少数政党に終わった背景・原因が七つにまとめられている。

（一）公明・共産両党とは対照的に、強烈な支持基盤、狂信的な信条をもたなかった。

（二）労働戦線が欧州のように右派によって統一されず、少数派にとどまった。

（三）「保革」の線引きの中で、「革新」の中核になれず、保革の線引きに振り回され、保守層もつかみきれなかった。今日、「保守か革新か」というのは政治の対立軸としては影が薄い。しかし、五五年体制の下では、これが政党の線引きとして大手を振り、健全で現実的な野党の民社党は常に「保守か革新か」と問われた。

（四）左翼のマスコミ、学者の影響力に劣った。民社党支持の学者文化人は大きな貢献をしてくれたが、少数派にとどまった。いわゆる進歩的文化人がマスコミや論壇を牛耳っていた時期が長い。教科書でも「民主社会主義」はなく、「社会主義」で括られ、マルクス主義がその中心として扱われてきた。

（五）初陣を前に、浅沼社会党委員長刺殺事件が起き、出鼻をくじかれた。
（六）五と同じく最初の衆院選で大敗し、以後、重点候補に絞り込む戦術をとったため、候補者のいない空白区が増えた。
（七）結党以来、社会党のような労組依存政党から脱却し、幅広い国民に支持される国民政党を目指した。しかし、党存亡の闘いを支えたのは同盟系の労働組合だった。これが同盟依存の党として国民の目に映り、組合依存の政党とみなされ、保守層などから拒絶された側面もあった。

以上、民社党が伸び悩んだ七つの背景・原因が挙げられている。納得するものもあれば、合点がいかないものもある。例えば、(三)の保革問題で「革新」にこだわったのは民社党自身のはずだ。西村委員長時代の民主的革新政党の統一構想。結党から一〇年以上後の一九七二年、春日委員長時代の党中央理論誌という冠の機関誌『革新』の創刊。八二年『かくしん』、八六年『ｋａｋｕｓｈｉｎ』と改題しながらも解党まで革新であり続けた。戦前の革新官僚が戦後の革新と意味がまったく違うように、まぎらわしい名前、言葉の使用は広く国民に支持される政党として、自ら避けるべきではなかったか。

続く(四)も責任の所在に得心がいかない。民主社会主義の理解が進まなかったのは、言論空間が左に偏っていた、教科書までもそうだったという主張だ。わが国には明治・大正以来、社会主義は危険思想とされてきた歴史がある。民社党公認で衆院選（一九六九年）に出た松崎芳伸（日経連専務理事）のような労働官僚でさえ、民主社会主義がどういう社会主義か理解できなかったと述懐したことはすでに触れた。理解が進まなかったのは外部的要因よりは、民社党結党時に蠟山政道が「今こそ民主社会主義は少数の学者の手を離れて、国民大衆のものとならなくてはならない」と言った高邁《こうまい》な理想を実現しえなかった当事者たちの責任のように思う。

最後の（七）は、国民政党、労組依存の問題である。民社党前史として「社会党は国民政党か階級政党か」の森戸・稲村論争があり、その後の「総評支配」の社会党から分派した民社党ゆえ、国民政党・脱労組支配にこだわったのだろうが、選挙応援に行った天池清次の証言を引いたように、「労組隠し」の選挙戦は労組員の不興を買い、すぐに破綻。強固な個人後援会をもつ有力議員以外は、労組の応援なしに選挙戦を戦えなかった。その結果、同盟依存、労組依存の党と国民の目には映り、保守の拒絶を招いたという分析だ。しかし、民社党・同盟が元号法制化など保守運動の一翼を担ってきたことは、広く知られているところである。同盟会長の中地熊造は民社党が第二保守党で何が悪いか、と雑誌で激励したことを本書で紹介したが、（七）の分析のような保守層から敬遠されるような悪影響がどれほどあったのだろうか。

戦後の思想戦は決着した

『民社党の光と影』第二一章の最終節には、民社党が解党した理由について見解が示されている。

（一）冷戦の崩壊、日本共産党の衰退で思想的に勝利し、共産主義への幻想はなくなったが、同時に民社党、民主社会主義の独自性が希薄になった。

（二）同盟が解体し連合となり、政治闘争の組織が弱体化した。連合という大風呂敷の中で統一が優先され、憲法、防衛、原発など対立のある政治問題は後に回された。政治闘争はほとんどなくなった。

（三）衆院で小選挙区制が導入され、少数党の維持は困難になると予測されたため、解党を急いだ。身を捨てて仁をなす選択をし、政界再編の中核勢力になることを望んだ。

（四）財界から政治献金を受ける唯一の健全な野党だったが、保守分裂の多党化で財界の献金先が増え、民社党への支援が減った。それ以上に、ゼネコン汚職、金丸巨額脱税事件などで、財界が企業献金の斡旋をやめた影響が党財政にとって大きかった。

（五）保守分裂と政界再編の中で、議員や地方組織に動揺が走り、有力基盤である名古屋、横浜の議員団から、民社党本部に政界再編の決議・要望が寄せられる事態となった。

関嘉彦

民社党解党に至る背景が、わかりやすくまとめられている。財界からの政治献金が党財政を左右する存在だったとの内容の記述は生々しい。いずれの解説も概ね異議なしである。とりわけ、（一）の反共という独自性が薄まったことは、民社党の存在意義が問われるところであり、一大事だったにちがいない。民社研議長だった関嘉彦は、共産党の退潮による民社研労働学校への企業・労組の関心低下と、それに伴う民社研の財政の悪化を嘆いていたが、大きな文脈で見れば、民社党にも同じことが起きた。看板政策には結党以来の福祉国家論もあったが、一九八〇年代の行革でその評価は党内でも大きく割れ、つまるところ、民社党の最大のウリはやはり反共だった。その敵を日本は西側の一員として打ち負かしてしまったのだから、ミッション達成である。勝ちどきを上げ、しかし、しばらく余韻に浸っていると、自らが解散せざるをえない状況に追い込まれていた。そんなところだろう。

試しに、『改革者』を例に「日本共産党」の登場回数を国立国会図書館で検索してみた。一九七〇年代一一六件、八〇年代八五件、九〇年代四〇件。「反共」は同じ順で一〇一件、七九件、三六件。いずれも九〇年代に半減している。ところが、民社系界隈の人々の鳴りを潜めていた反共が二〇〇〇年代に入り、野党共闘が叫ばれ始めると、与党側からは「共産党と手を組んだ野党の野合」と攻撃され、野党側からも共産党排除の大合唱が始まるのだから、共産党との間合いの取り方は難解である。

左翼はもはや敵にあらずのはずが

「民社党・同盟解散の重い代償／死に損なった日本の共産主義／日本共産党「柔軟路線」に騙されることなかれ」

『改革者』に再び反共の旗が高くあげられたのは、二〇〇〇年四月号だった。計四ページの論考で、共産主義の歴史と、関連団体・運動の広がりを例示しながら、大塩五郎を名乗る政治評論家が共産主義の恐ろしさを説いている。

共産党を恐れる理由として、小選挙区比例代表並立制が導入された衆院選（一九九六年）の「躍進」をあげる。共産党が比例で七二七万票・二四議席、小選挙区で七一〇万票・二議席を獲得したとし、「議席数では昭和五四年の四一名には及ばないが、得票では過去最高の昭和五一年の六〇三万票から一〇〇万票増という大躍進であった。近くおこなわれる衆院選では、一〇〇〇万票を超えるのではないかと言われており、五〇議席も夢ではなくなっている」という。

続けて、共産党系の関連組織である全労連や民主商工会、日本民主青年同盟や、日本科学者会議、労音、子供・親子劇場などを挙げ、スポーツ、趣味などあらゆるところで組織が勢力を拡大しているとし、「日本共産党を頂点にして、各団体がそれぞれの役割を果たして、当面の目標である「民主連合政府」実現を目指して頑張っている」との読み解きを紹介。

共産党伸長の背景には、終身雇用制の崩壊といった雇用の不安定化などがあると指摘し、「今、労使、政党、政治家はもとより、国民一人ひとりが日本共産党の躍進する意味を真剣に考えないとたいへんなことになる」と結んでいる。

その後の四半世紀を振り返ると、日本共産党は議席数を大きく後退させ、大塩五郎の警鐘は杞憂《きゆう》に終わったようだが、今もって、国政地方選挙問わず共産党アレルギーは根強く残り、それを意識した反共宣伝は労働組合・保守運動など、さまざまな場面で散見される。むしろ、公明党が与党入りして以来、あからさまに公明党アレルギーを口にする人々が激減した分、共産アレルギーは二一世紀に入って再び頭をもたげたようにさえ見える。

傍観者である筆者からみれば、団結、組織固めのための方便・おまじないとしか聞こえないのだが、連合結成から三〇年余り、芳野友子連合会長登場で、「反共」を耳にする機会が急激に増えた気がするのは気のせいだろうか。

3　連合は真のナショナルセンターか

自民党の労組分断戦略

「長年にわたり染みついてきたデフレ心理を払拭し、賃金が上がることが当たり前との方向に社会全体の意識を一気呵成に変えなければなりません」

二〇二四年四月二七日、東京・代々木公園。岸田文雄首相は連合の「第九五回メーデー中央大会」に出席してそう述べ、物価上昇を上まわる賃上げを来年以降に必ず定着させる決意を語ってみせた。

前年、現職首相として九年ぶりにメーデーに出席。二〇二三年の自民党運動方針には「労組との連携強化」を四年ぶりに盛り込み、休止していた政労使会議もその年に八年ぶりに復活。現職首相として一六年ぶりに連合定期大会にも出席し、さらに二三年九月、国民民主党の元参院議員、矢田《やた》稚子《わかこ》を首相補佐官（賃金・雇用担当）にスカウトした。

矢田は高校卒業時の一九八四年、家庭の経済的事情から大学進学を断念し、自宅に近い松下電器産業本社に入ったという経歴の持ち主だ。電話交換職から始まり、人事部、総務部などの職場を経験。電機連合初となる女性の組織内候補として二〇一六年の参院選比例区に立候補し、二一万票余りを集め民進党中三位で当選した。ところが、二二年の改選で約一六万票に得票を落とし、国民民主党中四位で落選。労働運動に復帰、専従していた。そんな矢田の補佐官抜擢は自民党運動方針に盛り込んだ「労組との連携強化」の象徴的な出来事となったのである。

話を代々木公園に戻そう。岸田首相を迎えた芳野友子連合会長にとって、就任して三回目のメーデー。「これまでの三〇年の停滞を一掃するように大企業から中小企業にわたって高い賃上げが実現しています。現場で交渉に当たられた組合役職員のみなさまの尽力に心から敬意を表します」「私たち生活者も商品やサービスの裏側にいる大勢の労働者に思いをいたし、安ければ良いではなく、良いモノには値がつく。このことをきちんと受け入れていきましょう」と労働者の連帯を呼びかけた。

連合本部と言えば、大企業の労組が集まり、居並ぶ役員たちは各企業の社長候補かと見紛うほどのエリートばかり。その点、芳野はたたき上げである。都内の高校を卒業後、一九八四年にミシン製造の東京重機工業（現・JUKI）に就職。在庫管理の事務職場から組合専従になり、九九年、大企業労組が少ないJAM（ものづくり産業労働組合）中央執行委員、二〇〇一年連合中央執行委員、一〇年JUKI労組委員長。一五年JAM副会長・連合副会長、二一年一〇月、八代目の連合会長になった。

連合会長選出をめぐっては当時、官公庁系労組と民間企業労組の対立が深刻化。誰もが火中の栗を拾わない中、副会長の芳野友子が浮上した。出身母体の産業別労働組合JAMは、同盟系「ゼンキン連合」と総評系「金属機械労組」が合流したもので、政治的には中立的な立ち位置にあり、芳野自身、女性が働きやすい職場づくりに取り組んできたリーダーでもあった。ジェンダー平等に真剣に向き合っている連合としての姿勢を示せるとの点で歓迎された。

「残念だが、組織内には女性の昇進などを阻む「ガラスの天井」がある。その障壁を突き破るチャンスを逃してはならないと思い、額に汗して働く現場に寄り添い、安心して働き続けられる環境を整えていくことが重要だと考えた」

　芳野は会長選出にあたって決意のほどをそう語っている。ところが、就任早々、ジェンダー平等の視点で注目を集めただけでなく、反共の尖った発言でも物議を醸す。

芳野会長の共産ぎらい

「共産との閣外協力はありえない」「両党の合意を盾にさらなる共産党政策をねじこもうとする動きがある」

　二〇二一年一〇月七日、芳野の就任会見。立憲民主党と共産党が政権交代時に共産党による「限定的な閣外からの協力」で合意した点について、芳野はそんな強い拒否感を示した。連合の前執行部が立憲民主党の方針に比較的柔軟だったのに対し、芳野新会長は強硬に反対。同月の衆院選で、二一七小選挙区で候補者を一本化したものの当選が六二人にとどまると、立憲民主党の枝野執行部は退陣に追い込まれた。

　その後も芳野の共産党への厳しい姿勢は続いた。同年一一月末のテレビ番組で、芳野は「立憲民主党と国民民主党の合流を今後も求めたい」としたうえで、翌年の参院選での野党共闘について、「連合と共産党とはもともと考え方が違う。歴史的背景からも共闘はありえない」。一二月中旬に公表した連合の衆院選総括は野党共闘にふれ、「『野党共闘』は共産党綱領に基づく統一戦線の一つの形であり、共産主義社会実現のための手段であることは明確」「『野党共闘の足を引っ張るな』と批判される所以はまったくない」と明記した。

　彼女の共産主義への拒否感はどこからやってきたのか。芳野友子が毎日新聞の取材に答えたとこ

2023年11月、記者会見を行う国民民主党の玉木雄一郎代表（右）と、連合の芳野友子会長（写真提供：読売新聞社）

ろによると、勤務したＪＵＫＩにはもともと共産党の影響を受けた労組があり、それに反発した従業員たちが同盟系労組をつくった経緯があった。芳野の入社時にはすでに同盟系が多数を握り、そこでの組合活動を重ねる中で、共産党系労組とのそれまでの闘いの歴史や、議論をふっかけられた時の反論の仕方などを学習していったのだという。そんな経験から、共産系労組の活動をみると、「会社に混乱を持ち込むのか」とイヤな気持ちがするようになったと同紙では語っている。

芳野会長は、筆者と同世代。共産党組織の独善性は筆者も長年の記者経験で十分心得ているつもりだ。ただ、組合活動を革命につなげようとしていた終戦時ならいざしらず、共産党にもはや、共産主義社会を実現する力があるとも思えない。ただ、面倒くさい人たち、なのである。そうした人々を包摂してこそ、真のナショナルセンターだと思うのだが、いかがなものか。

そんな連合会長の共産党アレルギーは、自公政権にとって与しやすしと映ったに違いない。二〇二二年の連合新年交歓会に岸田文雄首相が現職として九年ぶりに出席。芳野はその日の会見で「首相の臨席は非常に光栄。連合は共産党をのぞく各党に政策要請をしており、今後もそうした関係で進んでいく」と述べた。その後も芳野は行く先々で「共産ぎらい」を連発し続けている。

小沢流・共産党との付き合い方

オピニオン雑誌『月刊日本』の二〇二二年六月号に、「絶対に連合を分裂させてはならない」とする元連合会長、高木剛《つよし》のインタビュー記事が載った。高木は東大法卒、旭化成入社。ゼンセン同盟会長などをへて〇五年から〇九年まで連合会長を務めた。民主党政権誕生の立役者の一人だ。その高木が民主党と共産党との連携の裏側、小沢一郎と不破哲三のパイプについて語っている。

「民主党の政権交代を実現する足掛かりになったのは二〇〇七年の参院選です」。風が吹き、参院で与野党が逆転、民主党は勢いづいた。そのころ、民主党の最大実力者は小沢一郎。正念場とみた小沢が連合本部にやってきて、地方行脚への同行を要請。高木と事務局長の古賀伸明（後の連合会長）が手分けして小沢と地方連合回りを始めたという。小沢の訪問を嫌がっていた地方幹部も、小沢の話を聞いているうちに途中からメモを取り始め、直会《なおらい》でも一人ひとりに酒を注いで回る姿に、終わる頃には地方幹部らもすっかり小沢びいきになっていたのだという。

その延長線上で、高木は共産党との共闘の仕方についても語っている。枝野幸男の時の立憲民主党のように表立って共産党と共闘する姿勢を見せれば、共産党に嫌な思いをさせられた人々が反発するのは必定。しかし、小沢が指揮していた当時の民主党は共産党ともうまく付き合った。裏でこっそり候補者の擁立を抑える動きもあったようだと振り返る。高木は「小沢氏はそのことがわかっていたので、『目に見えない共闘』を模索していたのだと思います。私は詳しい事情は知りませんが、小沢氏と共産党の不破哲三氏は衆院当選同期なので、二人の間で何かやりとりがあったのかもしれません」。

小沢一郎と不破哲三は一九六九年の衆院選で初当選。年齢こそ一回り離れてはいるが、高木のいう「やりとり」できる関係性があっても不思議ではなかった。

翻って現在の連合である。芳野友子は『改革者』(二〇二三年二月号)に登場。政権との距離を問われ、「最近マスコミに「連合と自民党との距離が近い」と書かれていますが、決してそんなことはありません。共産党を除く全ての政党に対して連合は政策・制度要求を行い、その都度意見交換をしている中で、自民党を訪れたことだけが切り取られているのです。むしろ、第二次安倍内閣以降は政労会見が開かれず、自民党政権との距離は遠いままです」と答えている。しかし、前述の岸田政権の動きなどをみると、とてもそうは見えない。

先人たちの禁句「労使協調」

さて、労働学校や組合で運動論を学んだ旧同盟の労働者にとって、禁句があった。「労使協調」だ。

筆者が二〇一七年に友愛労働歴史館を初めて訪ねたとき、同館の説明員(同盟OB)が見学に来ていた若手組合員に「労使協調」という言葉を使ってはいけない理由を説明していた。曰く、かつて総評系が同盟系を「労使協調の戦わない組合」「労使が癒着している」とあしざまに批判していたこと。もう一つは、戦前の協調会をめぐって、旗振り役の渋沢栄一と友愛会の鈴木文治とが決別した歴史的な背景だった。

協調会は一九一九年、原敬内閣が肝いりで設立した労使(労資)協調を目的とした財団法人だ。

第一次世界大戦の特需で日本経済は急拡大した半面、労働争議が急増。そこにロシア革命や米騒動が追い打ちをかけた。資本家層はおびえ、構想されたのが労・資・公益・政府の四者で管理する新機関設置だった。

鈴木文治と、友愛会の庇護者でもあった渋沢栄一はこの設置をめぐって決裂している。渋沢から新機関設置の発起人に加わるよう求められた鈴木はこう返答した。「今どき協調会のようなものをつくることは、むしろ有害無益です。なぜかと申しますと、労働組合の発達は産業の発展に伴う必然の現象であって――」（鈴木文治『労働運動二十年』）

そのとき、鈴木は、協調会が労働者の諸権利を制限する治安警察法一七条の撤廃と労働組合法制定を社会に提唱すること、世間に誤解を与えている協調会の名前を「社会政策協会」に改めることなど六項目を自身の参加の条件として提示。「労働者階級のためと思うなら、むしろ、私の意見を政府に進言し、聞かなければ斡旋役から手を引かれたらよろしかろう。そうでなければ、多くの労働者から恨まれます」と畳みかけ、二人は決裂したのだった。

鈴木からすれば、協調とは対等の実力であることが大前提であって、資本家が労働者を隷属視している現状では真の協調は成立しない。また、労働問題を権利の問題とせず、「主従の温情」のような道徳観念で律しようとしているのは時代錯誤も甚だしい、と考えたのである。

同様のことを、同盟書記長を務めた重枝琢巳が『改革者』（一九七三年三月号）の労働学校コーナーでうまく説明している。概ねこんな内容だ。

「民主社会主義の立場からの労使関係はあくまで労使対等、労使協議、労働者の参加という民主主義の大原則が前提になっており、労使のいずれかの側でこの大前提と共通意識が欠如している場合は、労使の民主的協力関係が成立しないことは言うまでもありません。その意味で、「労使の民主的協力関係」と「労使協調」は似て非なるものです。戦前から言われてきた労使協調は「使」の側の主導権のもとに「労」の側の無条件協力が強いられたものです。労使関係の歴史的な過程の中で特定の意味と内容をもつに至った言葉の使用は、避けたほうが賢明だと思います」

また、第二臨調委員を務めた同盟副会長、金杉秀信も『金杉秀信オーラルヒストリー』の中で「労使協調」の使い方に注意を促している。

――生産性本部の場合は労使協議制という言い方をしますが、石川島の場合は、その前から経営協議会をつくっていますね。ところで、共産党系の組合の人は「労使協調だ」と言って批判したと思うんですが、金杉さんご自身は「労使協調」という言葉を使われることはあったんでしょうか。

金杉　私は、「労使協調という表現はとるな」と若い連中に言ったんです。僕は「労使協力だ」と言った。協力というのは、相手に欠陥があったり、間違いがあったりしたら、きちんと言えることであって、そういう関係にならなければならない。対等であると同時に、常に信頼という土俵をつくって、言いたいときにはきちんと臆することなく言え、という形で、「協調ではない、協力だ」ということを僕らは強調していた。労使協調という言い方は、経営者がわりあいに言うんですよ。

労使協調を日本的経営の美風とする向きがあった。そんな右肩上がりの時代であっても、労働運動の先達たちはその言葉を軽々には使わず、一線を画しつづけてきた。千丈の堤も蟻の一穴より崩れる、と考えたからだ。果たして、今の日本社会ではどうか。

紐帯たる中流を守るために

本書執筆中に、中曽根内閣で労相を務めた山口敏夫に取材する機会があった。国鉄の余剰人員問題や、男女雇用機会均等法成立時の労働行政責任者だ。労組の旗開きに飛び込みで参加したり、政労使でゴルフコンペに出かけたり、労組との意思疎通を図った取り組みの数々を語った中で、労組幹部らと欧米の労使関係を視察に出かけた際の彼我の違いについてこんな話をした。

曰く、最も印象的だったのは、海外では、自分たちの権利確保のためには労組がトコトン闘うことだった。その当時、日本経済の繁栄は良好な労使関係にありとも喧伝されたが、山口は「格差、差別を解決しようと思ったら、ストライキ権を自ら放棄して戦いもしないのでは無理だ。その思いは当時からずっと持ち続けている」。

そして、現在の連合について、「大企業追随。政治についても、自民党に代わる勢力を結集しなければいけない時に、共産党との協力はダメだと邪魔をする。自民党の政治とカネ問題だって暴いたのは共産党でしょ。協力できるところは協力したらいい」と話す。

二〇二二年参院選。UAゼンセンが推す連合系新顔候補、堂込《どうごみ》麻紀子（現参院議員）が茨城県庁で立候補の記者会見をした。記憶に残る職場での体験を問われて、堂込はカンボジアでの新店舗開業の際、「日本のような労使協調的な労働組合をつくりませんか」と現地の従業員たちに提案し、その甲斐《かい》あって労使協調の組合を立ち上げることができたと語ったとき、会見場にいた筆者は時代の移ろいを感じた。というのは、さきほど述べた禁句「労使協調」をためらうふうもなく二度発したからだ。つまりは、権利獲得までの先達たちの労苦を知らない世代が、働く者の代表として国会議員として当選する時代になったということである。

共産党の脅威は実際にはなくなり、必然、労働者教育はなおざりになった。その結果、本来伝えるべき、勤労者の心得を教える機会もなくなったと聞く。労使で信頼関係が築けるに越したことはないが、上記の金杉秀信インタビューにあるように、言いたいときにはきちんと臆することなく言える職場関係は、労使協調ではなく、労使協力であると、若い世代に伝えてほしいと願う。

4　巨大労組に宿る民社の遺伝子

拉致を取りあげた塚本三郎

塚本三郎の著書『内政干渉!』（二〇〇五年）には、「笑止千万!――〝拉致〟を最初に取り上げたのは、この私・塚本三郎である」という小見出しの一節がある。二〇〇二年九月の小泉訪朝で拉致被害者五人が帰国した後の大報道に黙っていられなかったのだろう。塚本は「国会議員の中には、我こそこの問題を取りあげた先駆者だと叫んでいる者もいる。笑止にたえない。この問題を政治の舞台に最初に取りあげたのは、この私・塚本三郎である。昭和六三年一月の衆議院本会議、時の総理は竹下登氏であった」。

塚本が国会質問したきっかけは、その前年一九八七年の大韓航空機爆破事件にさかのぼる。逮捕された蜂谷真由美こと金賢姫《キムヒョンヒ》が「平壌で日本人女性から日本人化教育を受けていた」と語り、韓国当局が「日本で拉致された女性は、金正日の恩恵で生きるようになり、名前は恩恵と変えた」と発表した。そこから北朝鮮による日本人拉致被害者の存在が明らかになり、塚本の質問につながっていく。塚本は国会でこう訴えた。

「昭和五三年の夏、数組の若い男女が海岸近くで突然行方不明となり、現在に至るまで何の手がかりもないという事件が発生しております。もしこれが北朝鮮の仕業であり、その中の一人が金賢姫の教育に充てられたとすれば事は重大であります。それはわが国に対する重大な主権侵害であり、人道的にも断じて許されない行為だからであります。政府は、全力を挙げてこの事件を捜査し、事の真相を国民の前に明らかにすべきであります」

竹下登首相は「今般の事件に対する毅然たる姿勢を示すために、人的交流の制限等を骨子とする対北朝鮮措置をとることにした」と答弁。やがて、拉致事件は主権侵害として国際問題化した。

その塚本の国会質問から九年後。そこでも民社系が口火を切った。新進党に合流した西村真悟は一九九七年二月の衆院予算委員会で、七七年に新潟市内で拉致された「横田めぐみさん」の実名を出して政府の認識と対応について質問している。

一九九七年一〇月には、関東を中心とした「北朝鮮に拉致された日本人を救出する会」（会長、佐藤勝巳現代コリア研究所所長）が結成総会を友愛会館で開いた。事務局長には民社系弁護士の三善勝哉、民社ゆーす二〇〇一会長の真鍋貞樹（民社党書記、現・拓殖大教授）が事務局次長に就任。民社党の組織は散り散りになりながらも、元党員らがこの問題を切り開いていったのである。

荒木和博が列挙した民社系の支援者たち

一九九九年五月二日、東京・日比谷公会堂で「横田めぐみさんたちを救出するぞ！国民大集会」

（北朝鮮に拉致された日本人の救出を国政の最優先課題にするための国民大集会）が開かれた。その前年の北朝鮮によるミサイル発射、翌九九年の不審船の領海侵犯事件で国民の関心は高く、ゴールデンウィーク中にもかかわらず約一九〇〇人で会場はほぼ満員の熱気。元民社党書記の遠藤浩一が集会全体の構成を考え、日韓の拉致被害者家族による悲痛な訴え、呼びかけ人の櫻井よしこや佐藤勝巳、屋山《ややま》太郎らによるシンポジウムも成功させた。

政界再編の中で政党を離れた元民社党書記の荒木和博は当時、現代コリア研究所研究部長。荒木は『改革者』（一九九九年六月号）に「民主社会主義者にとっての拉致問題――「国民大集会」を終えて感じたこと」を寄稿し、「民社」が果たしている役割について語っている。

集会の呼びかけ人には前出の遠藤浩一のほか、元同盟会長の天池清次と宇佐美忠信、元日経新聞コラムニストの井尻千男《いじりかずお》、ゼンキン連合元会長の江口亨、元同盟副会長の金杉秀信、弁護士の上條義昭、関嘉彦、田久保忠衛、加藤秀治郎といった民社党・同盟・政研フォーラム関係者が加わっていたと名前を列挙している。

「解党してすでに五年。所属政党は民主党だったり、自由党だったり、無所属だったりとさまざまで、民社協会から離れた人もいます。それでも、この運動にみんなを駆り立てたのは「民社の精神」ではなかったかと思います」「民主社会主義者は、自由と人権を守るために闘わなければなりません。（中略）いわんや拉致されたのが同胞であれば、私たちは彼らを救出し、国家主権を守るため先頭に立ち、理念と良心に従って勝利のために努力を続けなければならないと思います」（前出『改革者』）

中心的な役割を果たすUAゼンセン

拉致問題に熱心に取り組んだ民社系の中でも、中心的な役割を果たしてきたのが、ゼンセン同盟（現在のUAゼンセン）だ。終戦直後に衆院議長を務めた松岡駒吉や、元同盟会長の滝田実と宇佐美忠信、連合初代事務局長の山田精吾、連合会長になった芦田甚之助と高木剛、連合会長代行だった逢見直人《おうみなおと》らの出身母体として、ゼンセンは労働界で大きなウエートを占めてきた。

本来の繊維・衣料に加え、医薬・化粧品、化学・エネルギー、窯業・建材、食品、流通、印刷、レジャー・サービス、福祉・医療産業、派遣業・業務請負など、産業別組織が合併を繰り返し、現在では日本最大の複合産業別労組（二〇二四年九月現在、二二〇八組合・一八九万八九六六人）に発展している。

拉致問題をめぐっては二〇〇〇年八月、旧民社・同盟陣営で「救う会」の活動を支援し、広範な人権問題に取り組もうと、宇佐美忠信が代表幹事を務める「拉致問題に取り組む民社人権会議」が友愛会館で正式に発足した。国会、中央省庁、地方議会への働きかけ、集会・学習会の開催、同月下旬に予定されていた日朝交渉への意思表示など、当面の方針を決めている。

富士社会教育センター理事長の任にあった宇佐美忠信は人権会議の発足式であいさつし、「きょう八月一日は大正元年に友愛会が創立された日。友愛の精神とは社会正義を追求し、仲間のことを思い、助けあうことだ。人権が侵害され、社会正義に反するこの問題に、労働組合こそが友愛の精神を発揮し取り組むべきだ」などと述べた。

富士社会教育センター（富士政治大学校）は民社党委員長だった西村栄一の発案で一九六九年に設立された財団法人（公益財団法人）。静岡県御殿場市に本部と中央教育センターをおき、民主的労働運動の担い手の育成などを事業目的に掲げている。これまでに松下正寿、落合清四《おちあいきよし》らが理事長を務め、現在は、元連合会長代行の逢見直人がその任にある。

日本会議事務総局を担う日本協議会の多久善郎《たくよしお》理事長は、自身のブログ（二〇〇六年六月）で、北朝鮮拉致問題で共闘したUIゼンセン（UAの前身）との出会いにふれ、「考え方も旧同盟系だけあってしっかりされている。（中略）連合の会長もゼンセン同盟の宇佐美さんであり、日本会議とも思想的に近い。ゼンセン同盟が連合内でトップになれば日本の労働界も大きく変わるであろう」と記している。宇佐美の連合会長は記憶違いによる誤記だろうが、文面から信頼関係の深さが伝わってくる。

最近の富士社会教育センターの公式サイトをみると、二泊三日の講座を年三回受ける逢見理事長の「逢見ゼミ」のプログラムが公開されていた。講座は労組役員らが対象で、座学のほか旧総同盟ゆかりの賀川豊彦資料館や、明治の産業革命を紹介している産業遺産情報センターの見学、靖国神社参拝が組み込まれている。

首相官邸を訪ねたUAゼンセン会長

「二〇一五年六月二六日、私は「ある思い」があって、首相公邸で安倍氏と面会した。私は労働組合運動一筋にやってきたので、それまで安倍氏との接点はなかった」

安倍晋三元首相が凶弾に倒れた三日後、国家基本問題研究所（櫻井よしこ理事長）のサイトに逢見直人による追悼文「安倍晋三氏の想い出」がアップされた。逢見は序文でそう記した後、公邸を訪ねた「二つの思い」について、こう述べている。

「私の所属するUAゼンセンは、北朝鮮の拉致被害者の早期帰国を求める運動を行っている。当時、私はその会長を務めていた。政府が認定する北朝鮮による拉致被害者の中には、組合員である松本京子さん（ゼンセン同盟尾崎商事労働組合＝当時）がおり、また、拉致の可能性が濃厚とされる特定失踪者には、組合員の家族である大政由美さん（東レ労働組合愛媛支部OB故大政峰男さん長女）が含まれている。北朝鮮は日本に帰国した五人以外に拉致被害者は生存していないと説明していたが、安倍首相は拉致被害者および行方不明者を含むすべての日本人に関する調査を北朝鮮に求め、北朝鮮もこれに応じる約束をした（日朝ストックホルム合意）。その合意から一年がたとうとしていたので、不退転の決意で北朝鮮との交渉に臨んでほしいと直接伝えたいというのが「思い」の一つであった」

「もう一つは、韓国の旅客船セウォル号沈没事故での朴槿恵《パククネ》大統領（当時）の行動をめぐり、産経新聞の加藤達也ソウル支局長が書いた記事が名誉毀損にあたるとして韓国地検に起訴された件についてであった。韓国政府は起訴後も加藤氏の日本への出国を認めなかった。逃亡のおそれもないのに出国制限をするのは不当である。産経新聞労組はUAゼンセン加盟組合の一つで、支局長は管理職であるが、起訴後は支局長職を解かれ、東京本社の編集委員になっていた。産経労組では編集委員は組合員である。この不当な出国制限を外交ルートで解決してほしいとの「思い」があった」

その二つの訴えを首相は丁寧に聞いたという。拉致問題は今も進展がないものの、加藤の帰国は実現し、裁判でも無罪になった。帰国には外交ルートでの働きかけがあったと伝えられ、その後、逢見が連合事務局長、会長代行となる中でたびたび会談。それまでの「政労会見」とは違って、自由な意見交換という形で、内政・外交問題について幅広く議論し、連合側の質問や要望に率直に答えてくれたという。逢見は文章の最後、安倍について「まさに「国士」」と結んでいる。

両者、価値観で共鳴するところがあったのだろう。面会は二〇一五年六月二六日で、首相動静に記されていない隠密行動だった。連合会長に了解を取ることなく、後に明らかになったため、旧総評系などから「政府による連合分断工作に与した」などの批判を浴びた。連合事務局長になった後も、「政権に寄り添いすぎ」という批判はやまず、大本命だった逢見の連合会長昇格は実現しなかった。

被害者救出の国民の思いこそ

拉致問題をめぐる安倍政権への評価は、民社系の人々の間でもかなりの温度差がある。二〇二〇年一一月、特定失踪者問題調査会の荒木和博代表による安倍政権の総括「何も動かなかった拉致問題」が『改革者』に載った。

サブタイトルを「国民が〝あなた任せ〟では救出できない」としているように、政権を悪し様に批判しているわけではないが、厳しい評価をしている。「「拉致問題を解決する」と言った安倍晋三総理の言葉は結局公約倒れに終わった」と書き出し、「安倍総理だけではないが、軽々に「解決」などと口にする国会議員は何をもって「解決」と思っているのだろうか。生きている人が帰ってくれば良いのか。それも政府が拉致認定している人だけ帰ってくればそれで「解決」なのだろうか。北朝鮮で死んだ人、殺された人はどうするのか。「残念でした」でおしまいなのだろうか。一度それを聞いてみたいものだ」とつづっている。

政権終盤、総理周辺から聞こえてくるのは「総理は拉致問題に関心がなくなっている」という話ばかりだったといい、第二次安倍政権の拉致問題への取り組みは、「誰も被害者を取り返せず、どれほど拉致が確実でも拉致被害者として新たな政府認定はしなかった。特定失踪者家族には度重なる要請にもかかわらず面会すらせず、結局これまでの政権と変わらなかったのである」と続けた。

荒木によると、実際、第二次政権になってから署名も集会も、国民の側の運動量は確実に減少。記憶は薄れ、拉致問題は風化の危機にさらされている。

2019年５月、官邸周辺を行進する荒木和博・特定失踪者問題調査会代表（著者撮影）

それでも「安倍さんならやってくれる」という思いこみが政権批判を抑えこんだ。野党も拉致となるとほとんど何も言わなかった。国民が「あなた任せ」では誰が総理になってもできない、と言う。

「『拉致被害者はどのような手段を使っても取り返さなければならない』という国民の思いこそが国を動かすのだと思う。少なくとも拉致問題に関する限り、『安倍さんに頼んでいれば大丈夫』というのが虚構であると分かったことが、安倍政権最大の貢献と言えるのかもしれない」

共産党議員も来た拉致被害者集会

それから約三年。二〇二三年一〇月下旬、特定失踪者問題調査会が主催する「『お帰り』というために拉致被害者・特定失踪者家族の集い」が東京都庁前の都民広場であった。

「きょうは共産党の笠井亮《あきら》衆院議員がおみえです。笠井さんにたいへん失礼になりますが、私は元民社党の人間で、民社党と共産党は不倶戴天《ふぐたいてん》の敵であります。きょうは自民党から共産党まで来ていただいた。思想信条を含めてみんな違うと思いますが、その力が集まって集会ができています」

荒木がそう話したように、筆者も不思議な組み合わせを見た思いがした。この日は天候にも恵まれ、全国からの拉致・特定失踪者家族、支援者らが参加。熱気あふれた集会となった。

会場後方のテント前で署名を呼びかけ、ビラを配っていたのはやはりUAゼンセンの人々だった。登壇した連合会長代行の松浦昭彦UAゼンセン会長は「微力ではあっても無力ではないと信じて、政府を動かすための活動を続けています。全員救出に向けて、ご家族に寄り添った取り組みをしてまいりたい」。松浦らは二〇二四年四月、首相官邸を訪ね、過去最多約九四万筆の署名簿を拉致問題担当相の林芳正官房長官に手渡すなど、運動における存在感を示した。

約二〇年前、日本会議が憲法や自衛隊といった国政マターの地方議会決議に力をいれている理由を団体幹部に尋ねたことがある。曰く、「例えば、町の議員さんに自衛隊、領土、皇位継承といった問題について町議会で意見書を決議してもらうように働きかけると、議員の意識が変わる。国と直結するんですよ」。ふだんは水道や道路といった集落のトラブル解決を役割としている町議が、意見書決議を通して国政に関して当事者意識をもち、意見しようと行動するようになるそうだ。

「署名もそう。だから、決議と同じように大切になるんです」と日本会議幹部は言った。

UAゼンセンの活動にもそうしたところが、きっとあるのだろう。加えて、日本最大規模の産別、

ＵＡゼンセンは業種も多岐にわたる。雇用先の経営環境、雇用形態も違えば、要求もさまざまで、一体感は希薄になりがちだ。その点、拉致や領土、憲法といった問題は国民的テーマであり、組織の団結力を高める効果も期待できるという。

この三〇年余の間に、筆者が「民社系」と括る旧民社党、旧同盟、旧民社研をとりまく環境は大きく変わった。民社党解党時に国会議員だった現役議員はすでに皆無となり、流れを汲む人々は旧民主党系、自民党などに活動の場を移すことになった。だが、筆者はむしろ、その後、保守と融合していった彼らに興味をおぼえる。政界再編を奇貨とし、小政党のくびきから放たれ、憲法改正、歴史教科書づくり、ジェンダー教育追及、原発推進、祝日法改正、すでに述べた拉致問題もそうだ。さまざまな分野にちらばった民社系の人々の活動を最終章で記そうと思う。

終章　保守派との融合とこれから

2017年11月27日、日本会議・日本会議国会議員懇談会設立20周年記念大会。
壇上には櫻井よしこや田久保忠衛、山谷えり子などの顔が見える（著者撮影）

1　新しい歴史教科書をつくる会の登場

「反『反日教科書』の国民運動を」

民社系の人々が深くコミットし、社会運動史に残るインパクトを与えたのは「新しい歴史教科書をつくる会」の教科書改善運動だろう。直接のきっかけは一九九六年六月、その年の教科書検定に合格した中学歴史教科書七冊すべてに従軍慰安婦の記載があると判明したことだった。前年の九五年に戦後五〇年決議をめぐる「謝罪外交」「自虐史観」「東京裁判史観からの脱却」といった保守側からの突き上げがあり、熱量がそのまま教科書づくりへとなだれ込んでいったと言えるかもしれない。

産経新聞の石川水穂の長文「これが『反日教科書』の実態だ」が『改革者』に載ったのは一九九六年九月だった。石川は本書ですでに述べたとおり、民社学同三代委員長。教科書の自虐的・反日的な記述は「従軍慰安婦」「強制連行」以外にも見られるとして、例えば、盧溝橋《ろこうきょう》で日本側が戦いを起こしたことはありえず、明らかに史実に反する記述が教科書検定に合格していると指摘。また、南京事件について、「虐殺とみられても仕方のない行き過ぎた殺害行為はあった。だが、その数は教科書の数字とは少なくとも一桁違う」とし、中国側の主張をうのみにした誇大な犠牲者数がひとり歩きし、多くの教科書に掲載されていることを嘆いた。

その後も通年企画「教育再興」を連載。それをバックアップしたのが後に産経新聞社長になる編集局長、住田良能だった。彼もまた、社会思想研究会の田久保や高池の後輩である。

そうしてつくる会が設立を前に記者会見したのは一九九六年一二月二日、会場は東京・赤坂だった。報道約二〇〇人。会長の西尾幹二のほか、藤岡信勝、小林よしのり、坂本多加雄、高橋史朗らが会見に臨み、教科書を自らの手でつくり、歴史教育を根本的に立て直していくと決意を述べた。『改革者』（一九九七年一月号）は、田久保忠衛が巻頭言「反「反日教科書」の国民運動を」を書き、若者にもなじみのある小林よしのりらが立ち上がったことを歓迎した。同月号の誌面後半では、高橋史朗が会見の模様を織り交ぜながら、歴史教科書の問題点を解説して、小林よしのりが戦後の歴史観について、「だんだんマインドコントロールが解けてきた。日本の若者の歴史意識に大きな「地殻変動」が起きている」などと会見で語ったことを紹介した。

つくる会は一九九七年一月三〇日、設立総会を開き、その反響は大きかった。追いかけるように同年二月、中川昭一会長、安倍晋三事務局長の「日本の前途と歴史教育を考える若手議員の会」が結成。また、二〇〇〇年には、民社党青年部の継承団体「民社ゆーす二〇〇一」や、歴史教育に一家言もつ元同盟会長、宇佐美忠信の富士社会教育センターが参加して、教科書改善連絡協議会（三浦朱門会長）も発足した。

二〇〇一年の教科書検定で、『新しい歴史教科書』と『新しい公民教科書』が合格すると、つくる会と、草の根保守を標榜する日本会議などによる「採択戦」が各地で展開され、〇二年、少数ながら学校現場で「つくる会教科書」は使われ始めた。

「ジェンダーフリー、教科書、領土は地下茎でつながっている」

筆者はその熱気に圧倒されたことがあった。前章でも触れた、二〇〇五年一月下旬に東京・銀座であった、新しい教科書をつくる会のシンポジウム「国民の油断 ジェンダーフリー・領土・教科書」のことだ。副会長の藤岡信勝はこう切り出した。

「いよいよ、決戦の年。情勢は有利に展開している。（中略）英霊のお力もこの際お借りして、何とか、一〇％の採択を達成するようお互いに頑張りたい」

九〇〇席のホールはほぼ満席。参加者を見渡すと、高揚感がみなぎっているように見えた。

決戦の年――。そう位置づける二〇〇五年は、四年に一度まわってくる全国一斉の教科書採択の年だった。〇一年、中学歴史・公民教科書を携え、業界に殴り込んだものの採択数は僅少。つくる会にすれば、リベンジのときがようやくきた、そんな心境に違いなかった。

事実、その日は四時間を超す長丁場ながら、席を立った人は数えるほど。熱心にメモを取るスーツ姿の男性もいれば、壇上の幹部の嘆きにあわせ、何度も深いため息をつく初老の女性、拍手のしどころなどお構いなしに激しく手をたたく中年男性もいた。

「ジェンダーフリー、教科書、領土はすべて地下茎でつながっている。敵は一緒と確認しておきたい」（八木秀次会長）。「敵」やほぼ等しい意味の「サヨク」「朝日」「日教組」が強調されるたび、会場からは雷鳴のような拍手が起こった。冷戦崩壊で共産主義という敵を見失った人々は、それらに敵の残影をみたのだろう。

名誉会長の西尾幹二は笑いをはさんで、展望を語った。

「当然、地理もやらなくてはいけない。それに、国語、家庭科がたいへんだという声もあるし、英語にまでジェンダーフリーの思想が入り込んでいる。本当なら、扶桑社《ふそうしゃ》に一大教科書出版会社になってほしいが、採択に勝たないことには」

幹部にも会員たちにも悲愴感は感じられなかった。「この一、二年、日本人の自意識というものは格段に目覚めようとしている」（中西輝政）と言い、「今度は勝てる」という共通認識が会内を覆っているように思えた。

つくる会事務局長に元鉄労書記長

手応えはあったという。ところが、二〇〇五年の採択戦もふたを開けてみれば歴史〇・四三％、公民〇・二一％の大敗だった。そもそも公民教科書を担当した西部邁《にしべすすむ》や、運動に広がりをもたせた功労者、小林よしのりらが早々に運動を離脱するなど、つくる会は内紛続きで、採択戦二度目の大敗は、利益重視の版元を巻き込む大分裂を引き起こした。

その頃、同会幹部が盛んに発したのは、「無視を決め込む朝日の作戦にやられた。敵の作戦勝ちだった」という奇っ怪な敗戦の弁だった。要するに、「朝日は、つくる会批判が、結局は、つくる会の宣伝になっていていることに気づいた。だから、今回の採択戦では、我々を完全に無視した。つくる会の運動は、朝日の批判をガソリンにしてきたから、最後まで運動が燃え上がらなかった」というのである。

無視の真意を確かめるべく、筆者と同期入社の社会部教育キャップに真意を確かめると、「無視？　作戦？　なにそれ？　二回目の採択戦でもあるし、記載内容も驚くほどではなかったから、記事にしなかった。それだけだよ」とにべもない答えが返ってきた。

つくる会側では、しばらくして戦犯さがしが始まり、責任を問われた会長の八木秀次らのグループが二〇〇六年春に分裂。翌年、育鵬社《いくほうしゃ》（扶桑社の新設子会社）を教科書の版元にする形で再出発した。西尾幹二・藤岡信勝の創業者グループ「つくる会」は前述した石原萠記の自由社を頼って立て直しを図った。その間もその後も民社系は主につくる会側支援に回った。

筆者は分裂騒動の際、石原萠記を取材している。石原は「教科書の中身は知らない」とした上で、「ただ、これからというときに分裂した。西尾幹二君は『自由』の新人賞受賞者でもある。俺が役に立つなら使えよ、という気持ちでね。出版社がないから本を出せないなんて、言論が自由な社会にあっていいはずがないでしょう」と淡々と話した。

当時の『自由』は、創価学会寄りの記事が多く載ることでも知られていた。石原にその点も質《ただ》すと、「旧知の創価学会員が協力してくれと言うから、私は『何でもやれや』と掲載するようになった。言論誌である以上、反対の人には反論の誌面を提供すればいいのだから」と意に介さない様子だったのをはっきりと覚えている。

そうして大分裂をへて、つくる会は再出発した。事務局長を任されたのは鈴木尚之。生粋の民社党員で、国鉄改革時に最後の鉄労書記長だった。つくる会機関誌『史』(二〇〇七年一月号)に鈴木は「もし「つくる会」なかりせば」という短文を寄せている。

曰く、つくる会は今月で満一〇歳。その間、他の教科書会社にも少なからぬ影響を与え、従軍慰安婦という表記の廃止のみならず、自虐史観全体の見直しにまで踏み込んだ。運動の一〇年は歴史教科書問題を入り口とした大きな「国直し運動」であった、と改めて思い至るとし、三度目の採択戦に向け、「ファイトが湧いてくる」と自らを奮い立たせているような一文だった。

それからさらに一〇年後、つくる会の現会長、高池勝彦は二〇一七年一月に催された会設立二〇周年の記念集会でこう話した。

「つくる会ができたことで、日本の教科書の様相は一変したと言っても過言ではない。残念ながら我々の教科書は採択を伸ばせず、昨年、公立学校はゼロでした。しかし、我々の運動がここで意味がなくなったのかというと決してそんなことはない。特に最近では「歴史戦」が大きな任務になっています。それを主導しているのがつくる会であります」と同会の果たした社会的な影響と、自国の名誉を守る戦いと位置づける「歴史戦」での取り組みをアピールした。

高池は一九四二年、東京・下井草生まれ。「国のために尽くせ」が口癖の父親は、雑誌『公論』の編集者だった。三歳で父の故郷長野に疎開。高校まで過ごした。中学と高校では弁論に熱中。長野高校時代にはすでに憲法改正の必要性を説き、六〇年安保闘争当時、「安保粉砕」と叫ぶ学生らの報道を見て、明確に「ちがう」と思った。生徒会長として校内に呼びかけて、「安保を考える会」を全校集会として開催。「日米安保支持」の立場から討論した。

半面、子どもの頃から社会の格差、貧困、差別、不平等、不公正といった世の不条理が許せなかった。高校時代に民社党ができてファンになった。一九六二年、早大に入学。働く者の地位向上をめざして労働問題の弁護士になった。後年、中学時代に自ら書いたものを後輩から手渡された。そこには「カネ中心の世の中はやめよう」と書いてあったという。反共、愛国、平等は整合性のとれたワンセットの価値観だと気づかされる。

2　盛り上がる性教育批判

民社党で初選挙に挑んだ山谷えり子

「次に、ちょっと資料を配付していただけますでしょうか。この『ラブ&ボディBOOK』という――」

二〇〇二年五月二九日の衆院文部科学委員会。当時民主党にいた山谷えり子は、財団法人母子衛生研究会が中学生向けに作成したパンフレット『思春期のためのラブ&ボディBOOK』を取りあげ、所管官庁である厚労省の担当局長や、文科相の見解を求めた。

このとき、厚労省の局長は「内容について科学的でない、歪んでいるといったようなところはないという印象をもった」。遠山敦子文科相は「避妊法の選択のための基本的な説明が十分なされていないので、この本を読むだけでは適切に理解できない部分があるというのが、私どもの関係者の見方」などとそれぞれ答弁したのだが、質問の反響は大きかった。

拓殖大学日本文化研究所の『季刊日本文化』（二〇〇三年春）に載った山谷の後日談によると、「こんな酷いパンフレットが中学生全員に配られようとしている」。ある保護者から山谷の元に母子衛生会の冊子が届けられたのがきっかけだった。山谷は「一目見てびっくりした。中学生に対してピル（経口避妊薬）を推奨しているのである」と書き、その「異常性」を批判。そこで問題の根が深いと感じ、山谷は教科書の中の性教育を調べ始めたのだという。

すると、歴史教科書の偏向だけでなく、家庭科などの教科書も酷いと山谷は感じ、「『快楽の性』

と称して、自分を卑小化させるような教育が、保健体育や家庭科を通じて行われている」と嘆いた。警察庁の調査で、中高生の六七・七％が「同年代の女子が見知らぬ人とセックスすること」を容認しているといった発表データを引き、「学校で性がモノとして扱われ、倫理観が破壊されれば、こうなるのも当然だろう。（中略）過激な性教育は子どもに対する虐待である」と結んでいる。

山谷と言えば、北朝鮮による拉致問題対策本部長を自民党で務めるなど、その取り組みについての印象をもつ読者が多いかもしれない。だが、注目されたのは当初、学校現場の性教育批判をめぐってだった。現在の彼女のホームページのプロフィールからは自民党入党前の政党歴はきれいに消されているので、ここで補足してみたい。

山谷が最初に国政選挙に出たのは一九八九年の参院選比例区だった。民社党公認。電力、自動車、全金・造船、ゼンセンの各組織内候補に次ぐ名簿順位五番で、民社党は上位三人のみが当選。山谷は初陣を飾れなかった。

山谷えり子

それから一〇年あまり、二〇〇〇年衆院選の比例東海ブロックから民主党公認で立候補。初当選した。〇二年末に熊谷弘らとともに保守新党に合流し与党入り。翌年の衆院選で東京四区で立候補し落選したものの、保守新党が自民党に吸収されたことで、〇四年参院選比例区から自民党公認で立候補、当選。現在まで参院議員であり続けている。

自民党入りは、大きなステップアップとなった。二〇〇五年三月四日の参院予算委員会で、小学校低学年用の教材などをもとに性教育の行き過ぎを訴えると、小泉純一郎首相が「初めて見たが、ちょっとひどい」との認識を示し、中山成彬《なりあき》文科相も全国での実態調査を検討すると答弁した。

性教育のみならず、「男は仕事、女は家庭」といった社会的・文化的に形づくられた性別「ジェンダー」。この用語も山谷が議論を巻きおこした一大テーマだ。山谷の再三の批判もあって、安倍晋三座長、山谷えり子事務局長の「過激な性教育・ジェンダーフリー教育実態調査プロジェクトチーム」が発足。「ジェンダー論は性差を否定し、結婚、家族をマイナスイメージでとらえ、文化破壊をふくむ概念だ」などと批判し、男女共同参画会議の文書でジェンダーの使用を避けるよう主張するなど、山谷の発言が現実政治を揺り動かすまでになっていったのである。

父は人気ラジオパーソナリティ

山谷えり子は一九五〇年、産経新聞社の政治記者だった山谷親平（一九二二〜八四）の長女として生まれた。過労で倒れた父の静養のため、父母の故郷である福井へ幼くして転居。しばらくして父は福井新聞社に迎えられ、二年後に福井放送に移籍している。一家に転機が訪れたのは六三年。既成の保守政党に飽き足らなかった親平は、新保守主義を掲げる地方政治団体「青葉会」を設立し、衆院福井全県区（定数四）から立候補した。

選挙公報によると、親平は帰郷後、福井放送編成局長、福井県原子力懇談会常任理事などを務める傍ら、第二次産業の育成や北陸バイパスの建設、原子力発電所の誘致などを提唱。国政への立候補を決めたきっかけは六〇年安保騒動だったという。七年後には安保改定で再び国論が二つに割れることが予想されるとして、「保守党が近代政党として脱皮せねばならず、自らがこの役割を果たさなくてはならぬ」として、生涯を政治にかける決意を述べている。

しかし、選挙戦は即日開票の結果、自民党三人、社会党一人が当選し、親平は九候補のうち七位に終わった。

落選後、一家は再び上京。山谷えり子は中学一年生、弟は小学四年生だった。そう書くと一家の生活が暗転したかのように先走りするかもしれないが、親平はメディアの世界に復帰。「テレフォン人生相談」のラジオパーソナリティとして大成功している。

同盟の機関誌『どうめい』（一九八四年七月号）で、親平は同盟副会長・第二臨調委員の金杉秀信と対談し、行政改革の加速を訴えている。

以前、臨調事務局に「土光やめろ」の投書が一万四千通届き、一方で激励する投書は七〇〇通しかなかったと聞いた親平はラジオ番組放送中、「土光さんに激励の手紙を出してください」と呼びかけ、放送局に一万通もの手紙が届いたというエピソードを対談で紹介。「土光さんへ全部もって行ったら、ジーンと涙ぐんでいる。あれだけの荒武者がそうなんですから、国のことを考えない悪党が圧力をかけたんですよ」と語っている。さすがに語りのプロだけあって、その能弁さが際立ち、歴戦の労働運動家である金杉が押しまくられている印象の誌面構成だった。

娘の山谷えり子は大学卒業後、出版社勤務。主婦向け情報紙の編集長やリポーターとして活躍した。雑誌『婦人倶楽部』（一九八一年六月号）では、当時ブームだったビニ本（ビニール本）の撮影現場を訪ね、編集者や出演女性を取材もしている。「女性のアソコが見えた、見えないといって大騒ぎする男性心理を探究したい」が取材動機だったそうで、批判しているふうもなく、「女性のアソコを見たいという男性のかくも強烈な欲望――やっぱり私、わからないな」の結語でルポを終えているのだが、その後の山谷とどう接続しているのかが少し不思議である。

国会議員になってからの山谷は内なる歴史観や家庭観、教育観を爆発させた。似た価値観をもつ安倍晋三の台頭とうまくかみ合ったこともあるだろう、第一次安倍政権で教育再生担当の首相補佐官となり、教育基本法全面改正に関与。以後も拉致問題などで存在感を放っている。

神政連の組織内候補で盤石

専門紙『神社新報』（二〇二〇年一二月二一・二八日合併号）に、神政連会長の打田文博、憲法学者の八木秀次、山谷えり子による鼎談「今、夫婦別姓をいかに考えるか」が載った。

山谷は、橋本聖子女性活躍担当相が会見で少子化を食い止めるために夫婦別姓の導入へ前向きともとれる発言をしたことを受けて、参院内閣委員会で質したことを紹介。「夫婦別姓は選択的といっても氏が個人を表すものとなり、戸籍も変わるなど国の根本にかかわる問題です」「昨今は夫婦別姓に限らず、選択肢や権利が増えるのはよいことだという風潮があり、また、日本人特有の寛容の精神から、「別姓にしたい人がいるのなら、個人の自由でよいのではないか」と考える傾向があるのではないでしょうか」などと危機感を述べた。

神政連の正式名称は神道政治連盟で、宗教法人神社本庁（全国約八万社を包括）に事務局を置く神社界の政治部門。建国記念の日制定で自信を深めた神社界が一九六九年に設立し、自主憲法制定運動や靖国神社国家護持運動、元号法制化運動、日本会議設立など、数多くの保守運動で中心的な役割を果たしてきた。神社本庁は九六年、国の法制審議会が選択的夫婦別姓導入を答申したことに対し、反対する基本見解を示している。

神政連には神道政治連盟国会議員懇談会という超党派の議連があり、一九七〇年の発足時には二〇人足らずだった議員数は、現在約三〇〇人を擁するメガ議連になった。故・安倍晋三が長く会長職にあり、山谷は議連の副幹事長を務めている。

「家族・教育・国なおし」。いつものスローガンを掲げた二〇二二年七月の参院選。山谷えり子は神道政治連盟が推薦する比例代表候補として立候補。一七万票余を獲得して四度目の当選を決めた。神社界の全面支援をうけている恵まれた環境とあって、選挙は盤石。党内での役職を含め、山谷は元「民社党公認候補」で最も成功している現職の自民党政治家と言えるだろう。

3　超党派で推進する祝日正常化運動

四月二九日を「昭和の日」に

平成に改元された時期、小渕恵三官房長官が、「暦」で頭を悩ませたであろうもう一つの案件があった。昭和の天皇誕生日、四月二九日を「みどりの日」に変える祝日法改正案だ。一九八九年二月、衆参両院で審議が始まると、名称に異議を唱える議員がいた。石川島播磨重工労組出身の民社党参院議員、柳沢錬造だった。参院内閣委員会でこんなやりとりがあった。

柳沢　何で明確に「昭和の日」にしなかったのか。

的場順三（政府委員）　名称については昭和の日というご意見もございました。けれども、例えば、明治天皇のお誕生日は「文化の日」になっているなど、祝日法の建前から考えまして、大方の意見が、新緑の時期だから「みどりの日」が一番妥当であるとのことでした。

小渕　国民は等しくこの日を天皇誕生日としてお祝いしてきたわけでございます。したがって、この日を「みどりの日」ということで提案いたしており、またこれがその日としてお認めをいただくことになりますれば、国民のみなさんのお気持ちとしてそのことを偲ばれることは、私は尊いものだと思います。

柳沢　官房長官、「文化の日」もそうだ。若い人たちが明治天皇の誕生日だと誰が知っていますか。昭和天皇の遺徳をというならば、「昭和」ぐらい残しておいたらいい。

「みどりの日」制定からしばらくして、『ｋａｋｕｓｈｉｎ』（一九九四年三月号）に「「昭和の日」ネットワーク準備会」の事務局長、相澤宏明の論考「「みどりの日」を「昭和の日」に改名を」が載った。相沢は「文化の日」を例に引いてこう訴えた。柳沢が質問した際の理屈と一緒だ。

「「みどりの日」が昭和天皇に結びついていることは暗黙のうちに諒解しているはずです。しかし問題は、その関連は早晩、五年後十年後には必ず断ち切られ、あるいは忘却され、結局、正体不明の祝日になってしまうだろうということです」「その実例は一一月三日の「文化の日」です。この祝日が戦前の明治節、つまり明治天皇の御誕生を祝賀する日であることを、国民、特に若い世代のどれだけの人が知っているでしょうか。このままでは、「みどりの日」も文化の日の宿命をたどるのではないかと懸念されます」

「文化の日」を「明治の日」に

現在、自民党や日本維新の会、民社系、新宗教「国柱会」系の人々が中心になって国会に働きかけている「明治の日推進運動」は、理屈も人も昭和の日実現運動とつながっている。すでに述べたとおり、祝日法は「国家神道」的なものを排除して制定された。古今東西、暦は時空を支配する為政者にとって統治の象徴だったことを考えれば、保守派が訴えるように、占領の時代、祝日法が皇室と国民の離間を図り、日本国民の団結にくさびを打ち込んだという面は確かにあったのだろう。

それゆえ、戦後の保守運動は日本恢復《かいふく》の第一歩として祝日の「正常化」に力を注いだ。

一九六〇年代の建国記念の日制定で勢いづくと、七〇年代に元号法制化を実現。八〇年代末、御代がわりに伴う皇室諸行事を執り行ったことで自信を深め、九五年の終戦五〇年決議の甲論乙駁《こうろんおつばく》がさめやらぬ中、国旗・国歌法を制定。次に繰り出したのが昭和の日制定運動だった。

二〇〇〇年に議員提出され、〇五年にようやく法改正が実現。〇七年から昭和の日が四月二九日に、「みどりの日」は五月四日に変更になった。

国会議事堂裏の星陵会館ホール。二〇二四年四月二九日午後、「昭和の日をお祝いする集い」があり、約二〇〇人が参加した。ステージ中央には「集い」の大タイトルに添えて、「令和八年は昭和百周年～昭和の心を未来につなぐ」とする副題が掲げられていた。集会は国歌斉唱の後、二〇〇七年に採択された「「昭和の日」宣言」が読みあげられた。一部抜粋すると、こんな内容だ。

「昭和天皇のお誕生日だった四月二九日は国民の祝日「昭和の日」として新しく出発しました。昭和の「激動の日々をへて復興を遂げた昭和の時代を顧み、国の将来に思いをいたす」祝日です。昭和の日本は栄光の明治と、希望と不安が交錯した大正の後をうけ、国民の和合と世界の平和を願って船出をしました。しかし、厳しい国際情勢のもと、困難な戦争への道を余儀なくされ、アジアの植民地解放の理想を掲げて戦った大東亜戦争も、いたましい敗戦に終わってしまいます」「昭和の歴史は、後世の日本人に数多くの示唆を与えてくれます。平和の尊さ。天皇を中心に国民が心を合わせることの大切さ。経済の繁栄には心の豊かさが伴わなければならないこと。どんな逆境からでも、日本人は必ず立ち直る活力を持っていることなど。それらはどれも、国の将来を導くかけがえのない道標です」

「昭和百年」に政府式典開催を

その後、来賓として登壇した自民党参院議員の山田宏は、「明治百年」の一九六八年に政府主催式典が日本武道館で大々的に行われた前例をひき、再来年の「昭和百年を政府主催でお祝いする会」を進めるための超党派議連が近く発足することを紹介した。

また、自らが議連事務局長を務める「明治の日」について、「文化の日」と「明治の日」を併記する折衷案で調整していることを報告し、「今国会中の成立を期して、昭和百年記念式典の令和八年には、明治の日の式典も催せるよう努力したい」と述べた。

式典はこの後、天皇御製の奉唱に続き、今年度の決議案が朗読され、①「昭和の日」に政府主催の奉祝行事を実施すること、②本年中に祝日法を改正し一一月三日を国民の祝日「明治の日」とすることの二点を決議として採択。聖寿万歳と続き、第一部の式典を終了した。

筆者が「明治の日」を取材し始めたのは二〇一五年だった。その頃、明治の日推進協議会（塚本三郎会長）が一八年の明治一五〇年を前に動きを活発化させていた。役員の一人、宗教行政研究者の大原康男に運動の趣旨を尋ねると、「明治天皇は近代国家日本をつくった一番の偉人。根拠があいまいな「文化の日」ではなく、本来の形に戻したい」とのことだった。

その年、つまり二〇一五年一〇月、筆者は朝日新聞夕刊に「「明治の日」復活の動き　明治天皇の誕生日一一月三日「文化の日から変更を」」というカバーストーリーを書いた。主催者側の主張を書いた後に、宗教学者の島薗進《しまぞのすすむ》の見解「過去の運動に照らせば、天皇の祭祀があるという前提で「戦前回帰」の動きが起こる。そこには神社本庁があり、ほかの宗教団体もあり、保守政党が合流する図式だ」を紹介した。

記事掲載の約三週間後、明治の日推進協議会の決起集会を訪れると、憲政記念館はほぼ満席だった。熱気の中、議連会長となる古屋圭司が言った。「朝日がまた、「戦前回帰」「復古調」だとか書いている。そんな気はまったくない。明治の日実現に向けて頑張りましょう」と呼びかけると、大きな笑いと拍手が起こった。集会の熱気自体はその頃が一番だった印象がある。以降、運動は国会に裾野を広げ、たびたび催される決起集会には超党派の国会議員が多く集まるようになり、今に続いている。

稲田朋美が「明治議連」幹事長

明治の日推進運動で国会議員側の中心的な役割を務めている一人が、「明治の日を実現するための議員連盟」幹事長の稲田朋美だ。二〇〇五年の郵政選挙で、落下傘候補として衆院福井一区から自民党公認で出馬し初当選。彼女は知る人ぞ知る民社系の人脈に連なる一人である。

一九五九年、福井県生まれ。京都の高校を卒業後、早大法学部に進学。大阪で弁護士になった。

早大と司法修習で同期の弁護士と結婚、大阪市内に夫婦で法律事務所を開業した。ある日、藤岡信勝の「自由主義史観研究会」発足の新聞記事が目にとまり、藤岡に手紙を書いたところ、教育雑誌『近現代史研究』の投稿欄に載り、同じページに大阪の司法修習で一緒だった西村真悟の投稿もあった。

その後もたびたび投稿。何度目かの掲載の後に、「南京大虐殺」に関する名誉毀損訴訟の被告側弁護を手がけていた高池勝彦から連絡があり、弁護団の一員に誘われ、人生が大きく動き出した。

やがて、講演依頼が舞い込むようになり、二〇〇五年夏、自民党幹事長代理だった安倍晋三からの声掛かりで若手議員相手に靖国神社裁判や百人斬り訴訟について講演。その時期、郵政解散があり、郵政民営化に反対し自民党公認を外された人の選挙区に「刺客」を立てることを小泉総裁が指示。その年の終戦記念日、靖国神社を参拝していたところ、参院議員、山谷えり子が迎えにきて、安倍のもとに同行すると、福井一区からの出馬要請だったという。

稲田が考える「保守とは何か」

「道義大国日本」を掲げ、当選を重ねること七回。防衛相、自民党政調会長などを歴任し、また、「伝統と創造の会」を立ち上げたり、神政連国会議員懇談会事務局長を務めたり。保守派のリーダーとして実績を積み上げてきたが、LGBT理解増進法案に積極的に取り組んだことに神社界や保守論壇、活動家が「裏切り者」などと猛反発。稲田はたびたび、「自分こそが保守だ」と反論を試みている。

稲田が日本プレスセンターの会見場に現れたのは、LGBT理解増進法が国会で成立する直前、二〇二三年六月一二日だった。主題はＬＧＢＴ法案の成立に至る経緯や法制定後の見通しについてだったが、法制化をめぐって稲田のまわりで起こったハレーション、バッシングに対する見解表明にかなりの時間が割かれることになった。

ＬＧＢＴ理解増進法は罰則のない理念法で、政府に性的少数者への理解を進める基本計画の策定や実施状況の毎年の公表を義務づけている。法整備の必要性は二〇一五年頃から与野党で議論され、稲田朋美らの超党派議連が二一年に法案をとりまとめたものの、自民党内の保守派の猛反対に遭い、塩漬け状態にされた経緯がある。

稲田によると、その前後、「サヨク」「裏切り者」「自民党から出て行け」などと罵声を浴び、「稲田が当選すると女湯に女装した男性が入ってくる」といった落選運動のハガキが支援者宅などに大量にまかれたという。

結局、岸田首相の秘書官が性的少数者らへの差別的発言をしたことで事態が動き出し、また、広島サミット開催前の制度整備という岸田首相の思惑もあって、二〇二三年に法制化したが、ＬＧＢＴ理解増進法推進の首謀者として、稲田は一身に批判を浴びることになった。

一時間ほどの会見で、稲田はよくしゃべった。ＬＧＢＴ理解増進法にふれた後、選択的夫婦別姓問題について、自らが提唱する婚前氏続称制度の説明をした。

「資料をつけていますが、私は夫婦別氏（姓）には反対しています。家族のアイデンティティという観点からファミリーネームは残す。しかし、大半の女性が夫の氏を選ぶ状況で、女性が被る不利益を解消したい。そのためには通称といった法的根拠のないものではなくて、公的に婚前の氏を使い続けることができる制度を、法務委員会で二回にわたって提唱しました。ＬＧＢＴの問題、そして婚前氏続称制度の問題で稲田はサヨクというレッテルをはられているわけです」

稲田が考える「保守とは何か」に話は及んだ。「もともと歴史認識に関わる裁判、靖国神社に関する裁判がきっかけで永田町にきた、政治家になった。非常に保守的な政治家と認識もされているし、自身は保守的であると思っています。変節した、ブレたと言われるが、私は変わっていないし、姿勢は一貫している。よいものを、よい社会にするためには変えるべきところは変えていかないと、大切なものも守れない。日本が積み上げてきたものに敬意を払いつつ、変えていくことが本当の意味の保守ではないかと思います」

LGBT理解増進法は二〇二三年六月二三日に施行された。その直前、同法の成立に慎重だった議員を中心にした「全ての女性の安心・安全と女子スポーツの公平性等を守る議員連盟」（女性を守る議連）が発足した。共同代表に山谷えり子、橋本聖子、片山さつき。「われこそは保守」を謳う民社系ゆかりの稲田と山谷の異なる歩みが注目される。

4　憲法改正運動で旗振り役に

民間憲法臨調のすすめ

憲法記念日の五月三日、東京・平河町で「公開憲法フォーラム」という憲法改正のための大集会を開いている団体がある。「『二十一世紀の日本と憲法』有識者懇談会」。通称、民間憲法臨調という。二〇〇一年一一月三日、作家の三浦朱門を代表とし、学者や弁護士、報道関係者らで結成された。現在は櫻井よしこが代表を務めている。

フォーラムはすでに通算二六回開催。約一〇年前からは、日本会議系「美しい日本の憲法をつくる国民の会」（二〇一四年設立、三好達、田久保忠衛、櫻井よしこが初代共同代表）と共催の形をとり、改憲派最大の集客を誇る。その民間憲法臨調で副代表・運営委員長を長く務め、中心的な役割を果たしてきたのが、政策研究フォーラム顧問の憲法学者、西修である。

西は一九四〇年、富山生まれ。早大卒。八〇年駒澤大教授。自主憲法期成同盟を立ち上げた比較憲法学の泰斗、大西邦敏の学統に連なる。同門には小林昭三、竹花光範、高池勝彦、一水会創設者の鈴木邦男らがいる。これまでに読売新聞の憲法問題調査会メンバー、産経新聞の「国民の憲法」起草委員会委員として、憲法試案づくりに携わってきた。

「民間憲法臨調」のすすめ」。そんな提案調の論考が『国会月報』に載ったのは一九九八年五月だった。執筆者の西修はその前年、国会で憲法論議をする常任委員会の設置をめざす議連が主催した「憲法五〇周年記念フォーラム」に討論のコーディネーター役で出席。その日に配られた議連のパンフレットを見てこう感じたという。

「憲法議連は衆院二七一人、参院一〇五人で組織されている。衆院では過半数に達し、参院でもあとわずかで過半数に及ぼうとしている。その気になれば各院に憲法を論議するための常任委員会設置法案を上程できるはずである。それができないのは、つまるところ、与党の中に強い護憲勢力があり、法案の上程に反対しているからにほかならない」

西は議連のこれからに期待を示しつつも、熱量を推し量ったとき、民間組織による運動盛り上げが不可欠に思えた。その際、参考としたのが民間政治臨調（一九九二年発足、後の二一世紀臨調）だった。日経連特別顧問の亀井正夫を会長に経済界、労働界、学者、若手国会議員らが集まり、政治資金や選挙制度、地方分権などといった分野で民間政治改革大綱（九三年）を発表。その後も各地で国民参加のフォーラムを開催するなど、民間側から政治改革を後押しする推進力になっていたからだ。

九条二項削除などを緊急提言

西の目論見は当たった。民間政治臨調に倣った民間憲法臨調は大きな反響をよび、また、その間に衆参両院に憲法調査会が設置されたこともあって、約一三〇人もの賛同者が集結。会設立と同時に、「新しい国家社会の原理」を第一部会（部会長・坂本多加雄学習院大教授）、「日本の安全保障と国際協力」を第二部会（同・中西輝政京大教授）、「日本の政治システム」を第三部会（同・浅野一郎元参院法制局長）で討議をスタート、一年後には緊急提言と提言の形にわけて成果を発表した。

「緊急提言」

一、すみやかに憲法九条改正に取り組むこと、特に九条二項は削除し、軍隊の保持を明記すべきである。また、それに先行して、安全保障関係法規を整備し、九条に関する政府解釈（戦力、集団的自衛権など）を変更すべきである。

一、憲法改正の条件を緩和し、「憲法改正国民投票法」をただちに制定すべきである。

「提言」

一、前文は、日本の国家制度の歴史、伝統をふまえ、「新しい憲法の創造」という視点に立って、全面的に書き改めるべきである。

一、国民の権利・義務については、わが国の歴史、伝統にもとづき、国家的、公共的利益をふまえて見直しをはかるとともに、知的創造、環境、プライバシーなどに関する新しい権利の導入および家族尊重規定の新設などについて検討すべきである。

一、二院制の特色を発揮させるため、①衆議院の法律案再議要件の緩和、②参議院の内閣総理大臣指名権の廃止、③裁判官弾劾裁判制度の再編をおこなうべきである。

西が、日本政策研究センターの機関誌『明日への選択』（二〇〇二年一二月号）で明かしたところによると、第一部会では、改憲案から国民主権の概念を外すべきだという意見の一方で、国民主権は不可侵の憲法三原則であって外す発想がそもそも許しがたいといった主張もあり、タブーなき討論が行われたそうだ。ただ、現憲法には日本の国柄が見えないという点では一致。前文は日本の歴史や文化、伝統を踏まえて全面的に書き改めるべきだとの意見でまとまり、「提言」の第一の柱になったという。

第九条を取り扱った第二部会では戦力の不保持、交戦権の否定を定めた九条二項が日本の安全保障にとって最大の障害になっているとの認識の下、議論が進行。二項を削除した上で、「軍隊の保持」明記が大勢だった。

憲法改正条項や参院のあり方が話し合われた第三部会では、両院でそれぞれ三分の二以上の賛成がなければ憲法改正案を発議できない現行の規定について、ハードルを低くすべきだとするメンバーが多かったことや、衆院のカーボンコピーと化している参院を良識の府としていかによみがえらせるか、などの議論が交わされたという。

民間憲法臨調はその後、年一、二回の公開憲法フォーラムを開催。二〇〇七年には、第九条一項について侵略的性格を有する戦争等のみを放棄する表現に改めることや、国民の国防の責務、国家非常事態規定などを盛り込むとした新たな提言を発表した。さらに、一一年に憲法審査会が設置されたことをうけ、日本会議主導の「美しい日本の憲法をつくる国民の会」が発足。一五年以降は公開憲法フォーラムを国民の会と共催するようになった。

美しい日本の憲法をつくる国民の会

時系列が前後するが、国民の会は二〇一四年一〇月、東京・憲政記念館で創立総会を開いた。共同代表は三好達、櫻井よしこ、田久保忠衛の三人。代表発起人にJR東海名誉会長の葛西敬之、神社本庁総長の田中恆清《つねきよ》、作家の百田尚樹、学者の長谷川三千子、西修、中西輝政ら。幹事長に日本会議政策委員の百地章、事務総長に神道政治連盟会長の打田文博、事務局長に日本会議事務総長の椛島有三を配した布陣で、憲法改正へ向けた本気度を内外にアピールした。

総会冒頭、日本会議事務総局を担っている日本協議会（日本青年協議会）出身の衛藤晟一《えとうせいいち》首相補佐官は昂揚した表情でこうあいさつした。

「いよいよ憲法改正に向かって最後のスイッチが押される時がきた」「自民党は結党以来、憲法改正を旗印にしてきた。一九九三年に自民党が政権を失ったとき、自民党綱領だった自主憲法制定を外すべきではないかとの提案がされたが、安倍首相や我々が「それを下ろすなら自民党なんて言うのはやめるべきだ」などと訴えた。そのときのメンバーが中心になって第二次安倍内閣を作った。安倍内閣は、憲法改正の最終目標のためにみんなの力を得て成立させた。二〇一六年七月に次の参院選がある。二年後に国民投票をおこない、憲法改正を達成しなければならない」

国柄を中心に据えた憲法を

国民の会は二〇一四年の結成当初、一六年の参院選を見据えた国民投票を目標に設定。近年の国政選挙の投票総数が約六〇〇〇万票であることをふまえ、半数の三〇〇〇万票以上獲得をめざし、世論喚起の啓発運動として一〇〇〇万人賛同者拡大運動を全国で展開した。それから一〇年。初代共同代表だった三好達と田久保忠衛、運動の精神的な支柱だった中曽根康弘、安倍晋三の両首相は世を去った。

二〇二四年五月三日、公開憲法フォーラムは東京・砂防会館で開催された。ステージ上には「今国会で憲法改正の発議を！」の横断幕。冒頭、主催者としてあいさつした国民の会・民間憲法臨調で両代表を務める櫻井よしこは、「私たちは憲法改正で何を成し遂げたいんですか。戦後のねじ曲がった国家のあり方、国家と言えない国のあり方を根本から立て直すのが、究極の私たちの憲法改正への思いであります。日本国憲法には、国柄があちらこちらにも最善の形で反映されていなければならないのです。そのような憲法改正の第一歩を小石河連合（小泉進次郎、石破茂、河野太郎）がやれる？　ご冗談でしょう。第一歩を踏み出す今がその時なのです。このミッションをやり遂げることができるのは、私は岸田さんしかいないと思っています。そう思いませんか」と切り出した。

会場から返ってきたのは、岸田への期待に同意しかねるかのような小さめの拍手だったが、聴衆の心のつかみ方を熟知する櫻井の話術は巧みで、「今こそ、もっと心を引き締めて、もっとエネルギーを焚いて、ネジを巻いて、岸田さんの背中をドンドンドンドンドンドン押して、国民の力で政治家のみなさんが憲法改正に走って行かなければならないような世論を作ってまいりましょう」。そう結語に向かう頃には、会場も熱気を帯びた拍手に変わっていったのだった。

その後、国会側からは、立憲民主党と共産党をのぞく与野党の代表者が出席、それぞれが決意を口にした。

「憲法改正のためには国民民主党を大事にしたほうがいいですよ」。国民民主党の玉木雄一郎代表はそう切り出した。改正のポイントをいくつか挙げ、緊急事態条項案については、「自民党は第一党として気を遣わなくてはいけない難しい立場にあるとは思いますが、連休明け早々に起草委員会をつくって五会派で条項案を仕上げましょうよ」と自民党側に提案。また、第九条については、「自民党案は自衛隊明記だが、それだけでは違憲論は解消されない。国民民主党としては二項削除、残したとしても例外として自衛隊をきちんと位置づけることが最低限必要ではないでしょうか」と党の主張を述べた。

例年、開会の辞を担当してきた西修はその年の集会では、持ち時間が長めの提言者側にまわり、水を得た魚のように改憲への思いを語った。

「世界の憲法と比べてみると、日本国憲法は一言で言えば二〇世紀の典型的な憲法です。二一世紀の憲法は例えば環境保護やプライバシー保護などが入っている。世界はどうなっているのかを頭に入れながら、国柄を中心に据えた憲法改正論を進めていくべきだろうと思います」

そして、遅々として進まない国会論議について苦言を呈した。「立憲民主党の責任は大きい。自民党には戦略戦術がない。気概がない。緊急事態条項について言えば、国民民主党、日本維新の会、有志の会の三会派がまとめた条項案が自民党案より遥かによくできている。であるならば、自民党はどうやってまとめるか、それがいま求められています」

ちょうど半世紀前、『改革者』（一九七五年六月号）は「特集・憲法問題を考える」を組んだ。終戦から三〇年がたち、世は昭和元禄。政治対決より生活優先の空気の下、休戦状態になっている憲法について、「議論を放置したままでよいのか」と疑問を投げかけたのである。

そうした民社研の問題提起に対し、民社党は「憲法は不磨大典にあらず」を基本的なスタンスとしながらも、党内論議が活発だったかと言えばそうは言えなかった。高度成長の終焉と狂乱物価への対策に追われ、憲法問題は後回し。改正を含む憲法論議に踏み込んだのは、解党間近の一九九〇年代だった。

田久保忠衛、西修、高池勝彦らが一九九二年末、「民社党と語る会」としての意見をまとめ、「我々は、民社党が日本国憲法と国際連合憲章の理念を体し、憲法改正を提案することによって、敢然と世界平和の維持に貢献できる体制の構築に寄与するよう期待する」との提言を大内啓伍委員長に手交している。その二年後に民社党は解党し、その時点からさらに三〇年がたった。

国会発議の前段階で足踏みを続けてはいるが、西修らがこしらえた憲法改正のプラットフォームは、櫻井よしことという説得力抜群の論壇スターを迎え、運動は与野党に広がり、熱量を保ち続けている。

5　櫻井よしこの国家基本問題研究所

ニュースキャスターから保守派の顔に

ジャーナリスト櫻井よしこが、一九八〇年からニュースキャスターを務めた日本テレビ「きょうの出来事」に一区切りをつけ、筆一本の心意気で言論活動を始めたのは九六年だった。前後して、政策研究フォーラムの『改革者』で連載を開始。同誌の編集担当を務めていた田久保忠衛とは、一九八〇年代後半から民社研の関嘉彦が主宰する勉強会で顔を合わせ、交流が続いていた。

そうこうしているうちに中央政界では、安倍晋三が頭角を現し、「戦後レジームからの脱却」の声を上げて首相に就任。その安倍が病気で倒れ、福田康夫内閣に移行した際、櫻井は「こんな政治では日本は滅びる」と背筋が寒くなったそうだ。政治に物を言うシンクタンクが必要であり、それをつくるのが使命だと考え、同憂の田久保忠衛に協力を求め、国家基本問題研究所は二〇〇七年に誕生した。

設立趣意書は田久保が起案した。「私たちは現在の日本に言い知れぬ危機感を抱いております。緊張感と不安定の度を増す国際情勢とは裏腹に、戦後体制から脱却しようという志は揺らぎ、国民の関心はもっぱら当面の問題に偏っているように見受けられます」「私たちは、連綿と続く日本文明を誇りとし、かつ、広い国際的視野に立って、日本の在り方を再考しようとするものです。同時に、国際情勢の大変化に対応するため、社会の各分野で機能不全に陥りつつある日本を再生していきたいと思います」

意見広告「内閣総理大臣福田康夫様」

そんな趣意書を携えて発足した国基研の特徴は、政策提言や意見広告を各方面で発信し続けていることだ。意見広告の第一弾は二〇〇八年五月、産経新聞に載った「内閣総理大臣福田康夫様」だった。その年八月には北京五輪開会式への福田康夫首相の出席と、胡錦濤《こきんとう》中国国家主席との首脳会談が予定されており、国基研は、「媚びへつらいは、外交ではありません。国益を主張するのが、外交です」との書き出しで、中国に融和的とみる福田首相にクギを刺したのである。

① 首相は、中国政府がチベット弾圧をやめない限り、「政治的催物」化されかねない北京五輪開会式出席を見合わせるべきです。
② 北京五輪でわが国の皇族が政治的に利用されてはなりません。
③ 尖閣諸島と東シナ海問題の譲歩は許されません。
④ 国民の食の安全に直結する毒餃子事件にケジメをつけるべきです。
⑤ 台湾問題で中国の新たな要求を断固拒否すべきです。
⑥ 環境問題を安易に取引材料とすることは許されません。

反響は大きかった。広告の隅に入会案内を載せていたため、約三五〇〇通のファクス、メール、ハガキが国基研に殺到した。国基研一五周年の記念対談で、櫻井と田久保は設立当時を振り返り、一人一万円の会員が一気に数千人増えて数千万円の運営資金が集まったこと、その厚志が財政基盤となり、どこにも阿《おもね》らないシンクタンクとしての道を築けたことなどをうれしい悲鳴として明かしている。

原発推進こそが日本の国益

国基研が力を入れた一つがエネルギー政策をめぐる提言だった。

例えば原発。二〇一一年三月に起きた東京電力福島第一原発事故で、安全神話が大きく揺らいだ直後の同年一〇月、全国紙やオピニオン誌に「選ぶべき道は脱原発ではありません」と訴える国基研の意見広告を載せた。

「原発事故で大きな岐路に立つ日本。事故は二つのことを教えてくれました。事故が原発管理の杜《ず》撰《さん》さによる人災だったこと、震源地により近かった東北電力女川《おながわ》原発が生き残ったように、日本の原発技術は優秀だったこと、この二点です。だからこそ、人災が引き起こした「管理」の問題と、震災・津波に耐えた「技術」の成果を明確に分離して考えることが重要です。エネルギーの安定供給は社会と経済の基盤です。いま日本がなすべきは、事故を招いた構造的原因を徹底的に究明し、より安全性を向上させた上で原発を維持することです。選ぶべき道は脱原発ではありません。原発の技術的安全性は飛躍的に高まっています。再生可能エネルギーの開発とともに、国際社会において原子力関連の技術革新・高度な管理システムを牽引していくことこそ日本の国益になります」

前出の櫻井・田久保対談によると、その意見広告では五、六人しか会員が増えず、櫻井は「その時、なるほど今、原発の必要性を説くのはメディアや政治家においてもタブーなのだな、国民もそれにはまったく関心を示しておらず、むしろ反原発で凝り固まっているのだと痛感しました」と語っている。

ところが、国基研は主張を曲げず、その後も原発維持・推進の立場からたびたび意見発信し、原発事故から一〇年後の二〇二一年にも「脱炭素の答えは原発活用だ」とする政策を提言した。エネルギー政策の基本は国益と現実主義だとし、再生可能エネルギーは不安定で高コストであること、原子力こそ経済性にすぐれた国産技術であることなどを列挙。原発の長期運転および新増設の道をひらくことなど、七項目が主張の柱だった。

櫻井は対談の中で、反応が低調だった二〇一一年の意見広告について、「多大な予算を使って意見広告を打ったことは誇りにしてよいと思っているのです。あれから一一年が経ってみて、ようやく原子力発電の必要性がオープンに語られ、今や原発の再稼働だけでなく新しい原発の必要性まで堂々と各新聞が社説で書くようになりました。私たちの意見は一一年早かったわけですが、正しかったということです」と主張の正当性を高らかに宣言している。

安倍靖国参拝を促した意見広告

多岐にわたる課題について議論をリードしてきた論客が二〇一四年一月、死去した。民社党機関誌『かくしん』の編集長を務めた元党書記、遠藤浩一（享年五五）。国基研設立以来の中心メンバーであり、産経新聞「正論」の執筆陣に名を連ねる拓殖大教授だった。

二〇一四年三月一日、東京・大手町のサンケイプラザで開かれた拓殖大・産経新聞社・国基研の共催によるお別れ会には、渡辺利夫拓殖大総長や熊坂隆光産経新聞社長、櫻井よしこ国基研理事長、民社協会会長の高木義明衆院議員（民主党）、塚本三郎元民社党委員長ら約四〇〇人が参列した。

遠藤浩一は一九五八年、金沢生まれ。おじの遠藤欣之助と、指導教授だった民社研の高橋正則駒澤大教授の影響で、民社党界隈に出入りし、党本部書記に。民社党解党後は、特定失踪者問題調査会の荒木和博らとともに、新進党への移行を拒否して評論家として独立。日経新聞の名物記者だった井尻千男の後継として拓殖大の日本文化研究所所長を務めていた。

櫻井よしこは遠藤のお別れの会で、首相に靖国神社参拝の実現を求めた国基研の意見広告（二〇一三年五月）を引いて弔辞を述べた。「内政干渉を押し返す気構えが、国民の一人ひとりに求められています」の見出しがついた意見広告の出稿を主張し、文面を書いたのは遠藤だったのである。抜粋すると、意見広告はこんな内容だった。

「中韓両国との信頼構築が大切なのは言うまでもありません。しかし、摩擦を起こさないことを国益とみなす事なかれ主義に埋没した日本政府が、不必要な譲歩を重ねて事態をこじらせたのです。日本と中国・韓国との関係を正常なものとするには、まず両国の政治的意図を見抜くこと、その上で日本の姿勢を真摯に説明すること、そして不当な内政干渉については毅然と押し返すことが肝要です」

意見広告から半年あまり。安倍首相は靖国神社に参拝。それを見届け、産経新聞の正論欄に遠藤の「『観念的戦後』に風穴開けた参拝」が載った翌日、彼は逝った。

遠藤は福田恆存に心酔する演劇人でもあり、舞台俳優のような抑揚のある語り口、小気味のよい筆運びの論評にファンは多かった。一方で、自民党が公明党と抜き差しならない関係を続けている状況に警鐘を鳴らし続けた。

例えば、「『公明党ウイルス』の研究」（『文藝春秋』一九九九年六月号）に公明党、支持母体の創価学会について、「手を結んだ政党には破滅が待っている」のリードで始まる一三ページの長文を寄せた。その文中で創価学会・公明党による言論出版妨害（一九七〇年）にふれ、こう述べている。

「民社党はその批判の急先鋒だった。ところが、公民選挙協力という餌に食いつき、やがて議員の生殺与奪の権を握られてしまうと、決して公明＝学会批判をしなくなってしまった。その後、民社党は公明党と組んで新進党をつくったものの、「創価学会に支配されている」という自民党の攻撃が奏功して、新進党は総選挙で敗れ、けっきょく解党してしまった。恐るべし、公明党ウイルス」

当時の政治情勢を概観すれば、一九九九年、つまりその年の秋には、小沢一郎の自由党をはさんで自民党、公明党による自自公連立政権へと政治は動いていくのだが、「非自民を集合軸にするのは古い」という地方議員の言葉を結語にしている遠藤の論考「知られざる組織「民社協会」の実力」（『時事解説』一九九九年一一月九日付）などを読んでみると、先の「「公明党ウイルス」の研究」もこう言いたかったのではないか。

民社党は解体し、議員それぞれの事情でバラバラにはなっているが、本来、自民党と組むべき政治勢力は公明党ではなく、我々の同志たちであるはずだ、と。その後に着地する国基研での活動、主張を考えると、遠藤の真意はそこにあったのだと筆者は思う。遠藤はやがて櫻井、田久保と同様に安倍晋三を「発見」するのである。

保守の総本山　日本会議会長に就任

田久保忠衛が二〇一五年に日本会議会長になったのは、民社系の現在地を示す象徴的な出来事だった。日本会議は、神社本庁や既成仏教教団の管長、新宗教の教祖、修養団体の代表、学者・文化

田久保忠衛

人、経済人ら、一言居士の集まった百家争鳴の大組織である。古武士然とした民社系育ちの田久保はしがらみが少なく、右派・保守を束ねるのに最適な人物だったという。

日本会議との縁は、親友の村松剛に、後の日本会議事務総長である椛島有三を紹介されたことがきっかけだった。就任前は「日本会議の代表委員に名前を貸していた」「ときどき、日本会議の学習会に出講した」程度の関わり合いだったものの、田久保が四代会長に就いた翌二〇一六年、安倍政権の「黒幕」として国内外の注目を浴びる事態に。本来なら前会長の三好達（元最高裁長官）か、事務総長の椛島有三（日本協議会会長）が対応すべき事案だっただろうに、田久保は日本外国特派員協会などで批判の矢面に立つ、損な役回りを買って出たのだという。日本会議関係者は「田久保さんの男気に助けられた」と感謝する。

日本会議の国会議員懇談会は超党派であるものの、自民党議員が圧倒的に多数の議員連盟。ある時期までの田久保は、民社党と自民党の政治家を比べ、こんな印象を持っていたと吐露している。

「民社党初代の委員長西尾末広氏以下、西村栄一、佐々木良作、春日一幸、塚本三郎、永末英一、大内啓伍の歴代委員長はそれぞれの長所、短所を持っていたが、日本の政治家の水準から言えば自民党の有力政治家よりもイデオロギー的にはしっかりしたものがあったように思う」「『社会主義』の名前だけで拒否反応を示す似非《えせ》保守には民主社会主義と社会民主主義との違いも理解できない手合いが多い。カレーライスとライスカレーの相違ではないのだ。だらしのない自民党に活を入れてやると栗栖弘臣元統合幕僚会議議長を参議院議員候補に担いで一戦交えた春日一幸委員長の気迫を自民党の政治家たちはどう受け取っていたか」（『激流世界を生きて』二〇〇七年）

田久保が期待を寄せた政治家

同著は季刊誌の連載をベースに二〇〇七年一〇月下旬に刊行。執筆時期は小泉、安倍、福田にまたがる自民党政権の頃と思われるが、田久保にとって安倍晋三は従来の自民党リーダーとは違い、特別な思いを寄せるに値する人物に思えた。

「安倍首相は憲法改正を目標に掲げて「戦後レジーム（体制）からの脱却」を唱えた。志半ばにして二〇〇七年九月一二日に辞任を表明した。私が目指している日本実現に最も近い政治家だった」（同書）

再び首相に返り咲いた第二次安倍政権の二〇一〇年代は、日本会議に勢いがあった時期でもあった。そんな安倍が二二年七月、凶弾に倒れた。日本会議の機関誌『日本の息吹』は追悼号を組み、安倍政権の功績として、自民党改憲四項目の作成や日米豪印（ＱＵＡＤ）の枠組み構築、防衛省昇格、平和安全法制制定、特定秘密保護法制定、教育基本法改正、選択的夫婦別姓への牽制・阻止、靖国神社参拝、国立追悼施設建設の白紙化、アベノミクス、東京五輪・パラリンピック誘致、テロ等準備罪（共謀罪）制定……などを列挙した。

田久保は追悼号の弔文「時代が必要とした安倍氏を悼む」で、特筆大書すべき功績は、戦後歪なままで現在に至っている防衛体制を是正しようと努めたことだとし、平和安全法制について、世論の一部を敵にしても国のためにはやるとの気迫を感じたと賛辞を送っている。

田久保忠衛の最晩年をもって、民社系の現在地とするのはいささか乱暴ではあるが、愛国の政治を謳い、元号や祝日、皇室といった日本の伝統と歴史に強いこだわりをもち、原子力の平和利用や国防といった価値観において、自民党と民社系はそもそも親和性が高く、両者の融合、もしくは共闘は自然な流れだったのだろう。

そんな安倍晋三に田久保忠衛が併走した第二次政権期は、国民の経済格差を拡大させる「負の遺産」を残しもした。願わくは、結党時に掲げた全国民中産階級化や福祉国家論を、政権のすぐそばで高唱してもらいたいと思うのである。

6　民社の遺伝子はどこへ向かうのか

労働運動のパワーダウンを受けて

最後に国政まわりの民社系について触れておこう。二〇二四年秋の衆院選で、「手取りを増やす」と訴えた国民民主党が四倍増の二八議席に躍進。継承団体「民社協会」が推し、主力の支持団体がUAゼンセン、電力総連、自動車総連、電機連合とあって、往時の民社党と国民民主党とを重ね合わせる論評が各方面をにぎわせた。

民社党書記を一七年。新進党、民主党、民進党、国民民主党、立憲民主党……と歩き、最近まで全国を選挙参謀として走り回っていた小島幸治はこう話す。「『二つの党はまったく同じだ』なんて見方もありますよね。しかし、僕は国民民主党と民社党とでは相当ちがうと思いますよ」

たしかに、改革中道政党を謳っていること、民間産別が政治的なよりどころとしているという点では似て見える。また、単独政権を狙いにいくより、連立を念頭においた政権入りを常に模索している点もそうだ、と小島は指摘する。「ただね、民社党には自民党、社会党でもない建設的な政党をつくらなくてはという歴史的な使命があった。国民民主党にそんなものがあるとは思えない」

労働組合の支援という両者の特徴も、その内実はまったく違うという。小島によれば、心血を注いで民社党を育てようとした旧同盟系労組と比べたら、現在の労働運動にそのパワーの面影はない。当時は数多の労働講座があり、職場では先輩組合員による精力的な民社党入党オルグもあった。選挙となれば、ポスター貼りだ、紹介カードだ、電話作戦だと祭のような騒ぎだったが、今ではそんな光景も見かけなくなった。個人情報の取り扱いが厳しくなったこともあるし、新型コロナ感染症の影響もあるかもしれない。何より、思想・理念を語れるリーダーがいなくなったというのである。

脱思想の転機は一九八九年の連合結成だった。それまでなら一つの職場に対抗する複数の労組も珍しくなかったが、労働戦線統一で一業種一組合が推奨され、「総評系も同盟系もみんな仲よくやろう」となった。同時期、職場の共産党は退潮。労働現場に闘争がなくなり、共産主義に対抗する理論武装も不要になった。政党再編も追い打ちをかけた。野党が政権を取り、「労働者は政府と対決し〜」といった大前提が壊れていった。思想を語るよりも「取れるモノを取ったほうがいい」と、現実を前に思想や理想は後回しにされ、教育システムは決壊した。

それから三〇年以上がたつ。上記のとおり、頼みの労組も弱体化は否めないものの、二〇二四年の衆院選挙では「手取りを増やしましょう」のフレーズが若い勤労者層にも刺さって国民民主党はブレークした。小島は「私自身、驚いたんですよ。ただね、天の配剤といった面がある。自民党があと二〇議席多く獲得していたら、国民民主党の今の存在感はなかったはず。政治的な微妙な偶然が重なって騒がれているわけで、党の基盤がしっかりしていないこと、これ以上伸び代がないことを考えれば、その辺は割引いて考えなくちゃいけない」と親近感を持ち続ける国民民主党のがんばりにも冷静だ。

その衆院選で、元自民党幹事長の甘利明が立候補した神奈川二〇区（相模原市南区、座間市）は注目選挙区になった。選挙戦の構図は甘利と、立憲民主党新顔の大塚小百合と、日本維新の会の金子洋一元参院議員（旧民主党）の三つ巴。結果は、政権批判の受け皿となった野党第一党の大塚が初当選した。金子は「減税」と「防衛力増強」を訴えたものの、二大政党の谷間に埋没。比例復活もならなかった。

金子は一九六二年、神奈川県生まれ。父・駿介は松竹労組中央書記長や映画演劇労組総連合事務局長を務めた労働運動家だった。民社党結成時の神奈川県議を務め、金子は民社党のスピリッツを肌で感じる家庭で育った。「政治自体は変えなければいけない。ただし、外交・安全保障面で野党が言っていたような中ソ寄りのことをしていたら日本は危うい。父の影響があったにせよ、そうなると、選択肢は民社党しかなかった」と政治への思いが芽吹いた若い日を振り返る。

東大時代に民社学同に入り、最後の委員長になった。卒業後は経済企画庁に進み、二〇〇三年、中央官僚の不祥事が続発する中、古い政治と一体となった霞が関から「脱藩」。政権交代直後の参院選補選で勝ち、民主党の国会議員になった。ところが、三期目の選挙で、民進党から出て落選。捲土《けんど》重来《ちょうらい》を期する中、二〇二三年、日本維新の会に入党した。理由は旧民社党同様、外交防衛などの政策が現実的で改革志向であることだったという。

その選択が先の衆院選の吉凶の分かれ目となったかは微妙だが、選挙後、当の日本維新の会では衆院選結果を受けて執行部が退陣。前原誠司共同代表の新執行部が誕生すると、減税路線を強く訴える金子は二〇二四年一二月下旬、神奈川二〇区支部長を解かれ、再び無所属の政治家に戻った。そんな金子に政治を志した頃の民社党について尋ねてみた。「現実を直視したうえで、一歩ずつ改革を進めていくんだという私の考えは、民社党以来の大切なものだと思っています。民社学同の人々には仲間意識はありますけれど、ただ、みんな別の場所にいるし、再結集となると実働部隊の労組のみなさんがいないと難しい。民社党と言っても三〇年も昔だから組合の人々も覚えていないでしょう」

国民民主党と民社党の距離

衆院選での躍進と支持率上昇で、「俺たちの言っていたことが国民民主党に乗り移ったんだ」と喜んでいる民社系OBもいる。しかし、国民民主党の看板である玉木雄一郎代表や古川元久代表代行は官庁出身でもともとは民社党と縁はない。ただ、古川は春日一幸の地盤が選挙区であり、旧民社党系と特別な関係にあるのも事実。また、榛葉賀津也《しんばかづや》幹事長はもともと静岡県の自民党町議で、父は自民党県議だった。榛葉は、民社党衆院議員だった渡辺朗《ろう》・元沼津市長の影響を受け、「玉木、古川、三人の中ではもっとも民社党的だ」という解説もある。それでは、比例選出の参院議員の場合はどうかと調べると、電力や自動車、UAゼンセンの組織内候補が顔をそろえており、さすがに民社党・同盟系の残り香がしないでもない。ところが、民社党籍をもっていた現役となると、UAゼンセン出身の川合孝典民社協会会長だけだ。

今さらではあるが、民社党の精神とは何だったかを再確認しておこう。本書のまえがきで紹介した結党六〇年の民社OB会総会・懇親会。それに先立つ第一部では友愛会結成から民社党解党、その後の政党再編に至る歴史が説明され、その中で、「「民社党の志」「民社党の遺伝子」とは何か」が友愛労働歴史館側から説明される場面があった。次の六項目である。

①「民社党の志」とは「民社の遺伝子を残す」ことであり、「遺伝子」とは民社党に始まるものでなく、戦前から続く運動の歴史の中にある。

②それは安部磯雄が主導した一九〇一年の社会民主党、同じく安部が創立した二六年の社会民衆党か、どちらかを起点とする民主的な社会主義政党の歴史である。

③そこを貫くものは、弱肉強食の経済を打破し、貧困と不条理をなくすこと。そのため左右の全体主義に反対し、自由と民主主義の政治を実現することである。

④自由にして民主的な労働運動を支援し、階級的労働運動を打破することである。

⑤幻想的な平和主義を排し、現実的な平和主義を進めること。日本の伝統を尊重し継承することである。

⑥戦前期の安部磯雄や鈴木文治らユニテリアンが共有した「自由の拡大、社会問題の解決」という理念は民社党の志の原点であり背骨である。

最前列で解説を聞いていた塚本三郎元民社党委員長は、その後の懇親会で「愛国の政治」という言葉で志を語った。しかし、民社党の志、遺伝子、理念と一口に言ってみても、長い時間がたち、さまざまな政党に散らばった人々の思いや表現はそれぞれだろう。

民社協会が推す国民民主党であっても、大半の国会議員は、戦前から続く運動の延長線上に、自分を位置づけてはいまい。反共と愛国は語れても、民主社会主義を説明できる人はどれだけいるのかとも思う。国民民主党と民社党は「かなり違うもの」なのである。

本書の取材の端緒は、日本会議などが主導する国民運動の現場で見た、民社系の人々と保守派との共棲、融合だった。さらには、共産主義への幻想なき今日にあって、連合会長がしきりに口にする反共意識に対する、「なぜ？」という気持ちもあった。

そんな疑問も、東京・芝に始まった運動からさかのぼってみると、事情や背景も見えてきた。民社党という小さな政党の軛《くびき》から放たれ、さまざまな分野でみせる熱量こそが、彼らが言うところの民社の志、遺伝子の産物なのかもしれない。それらの志が今後どこへ向かっていくのかも見据える必要はあるだろう。

あとがき

保守派の国民運動の先頭に民社系が散見されるのはなぜか。特定失踪者問題調査会の荒木和博代表（元民社党書記）に尋ねたことがあった。民社党や同盟からの流れもわかるので、本書の終わりにぜひ紹介したい。こんなやりとりだった。

――保守的な国民運動の先頭に民社系の人々が散見されます。

荒木氏　一つは民社党がなくなってしまったこと。「遂げられなかった思い」と関係しているでしょうね。新進党に民社党の精神を引き継ぐんだなんて話でしたが、全然そんな状況じゃなかった。成仏できず、誰もお経をあげてくれないから彷徨《さまよ》っているって感じ。僕もそうだけど、昔の民社党の党員証をいつも持ち歩いている。他にも「私もいつも持っている」なんて言い出す人がいるんです。自分はまだ民社党員だという気持ちが今もあるんでしょうね。

――組織運営がうまいなあって率直に思います。

荒木氏　労働組合中心の政党でしたから、組織的なことには比較的慣れている。何かしようとなった時、自分が何をしたらいいのかが生理的にわかる。状況を見て自分が前に出たほうがいいのか、裏方に回ったほうがいいのかとかね。保守の人は自分が前に出ないと我慢ならない人が結構いる。

そういう点で我々のノウハウは組織活動、国民運動をやるうえでは便利なのかもしれませんね。

――ＵＡゼンセンなど、拉致問題に熱心に取り組んでいますよね。

荒木氏　（ゼンセン同盟会長だった）宇佐美忠信さんの影響でしょうね。もともとコアな部分は繊維産業で一つの工場の中に何千人もいる。そこでオルグして、それを起爆剤にして選挙も強かった。力を持っているだけではダメで、その力を正義のためにという宇佐美さんのカラーが非常に強かったと思います。それ以外で言うと、共産党系・社会党系とケンカしていた組合、そこの人たちは非常に意識が高いです。旧造船重機労連の石川島播磨重工業とか三菱重工業とか。あと、ＪＡＭになっている天池清次さんの旧全金同盟ですね。

――荒木さんは拉致問題にはどんな経緯で。

荒木氏　旧民社党・同盟は、北朝鮮の日本人妻問題に取り組んでいたので素地があった。日本人妻の運動をしていたのは一九八〇年代前半に入って。国会質問などもあり、北朝鮮に渡った日本人妻の問題を描いた映画『鳥よ翼をかして』の上映もあった。個人的には、学生時代、朝鮮半島から引き揚げてきた教師がいて、韓国に関心をもった。あと、父が朴正熙《パクチョンヒ》と陸士同期でした。面識はないようですが。それと、鉄道好きなので韓国の鉄道に乗ってみたいなと。（慶應大の他学部である）経済学部に韓国語の授業があって、その先生と話しているうちにもっと興味をもって、卒論は朴正熙を書きました。それが今につながっています。

――大学では民社研の中村菊男ゼミでしたね。

荒木氏　慶應大の入試はその頃、面接・小論文がありました。その面接で、どうせ落ちるなら言いたいことを言おうと。自分は民社党のファンで、中村菊男教授が教えているというので慶應を受けたと。面接の終わり頃に、「おもしろい人だね」と言われて、結果、合格していた。入学して中村菊男先生の授業に出てみたら、「あっ面接の人だ」と気づきました。

――学生組織「民社学同」の初代委員長は慶應大加藤寛ゼミの人でした。

荒木氏　ええ、ずっと上の人ですが、加藤ゼミでした。私が入学した頃は、その流れの団体はありましたが、民社学同は慶應の中で途絶えていたんです。僕は大学では遊ぼうと思っていたので、鉄道研究会にいました。中村ゼミの先輩に鉄労本部プロパーがいて、それで鉄労に入れてもらう約束をしていたんです。ところが、空きがなくて。また、大学の卒業が遅れたこともあって、民社党本部でアルバイトを始め、一九八〇年二月に党本部で本採用になりました。

――民社党に入ってみての印象は？

荒木氏　やっていることに間違いはないって思っていたので、楽しかったです。若くして国会議員と怒鳴りあい、それでも最後はみんな許してくれた。今の自民党なんかでは絶対にありえないでしょうけど。政党は消えたけれど、思想的な敗北感もありませんでしたね。

――保守派団体と共闘して「保守」って括られることをどう思いますか。

荒木氏　あまりしっくりこないですね。「荒木が保守系だ」と言われることについて、「ちがう」とまでは言いませんが、思想信条を聞かれれば、「社会主義です」と。あるいは、「民主社会主義です」と必ずそう答えますね。

――「保守」でないとすると、どこが保守と違うのでしょうか。

荒木氏　今はちょっと曖昧《あいまい》になっているけれど、経済政策的なものですかね。民社党は当初、「全国民中産階級化」を目指しました。どちらかというと大きな政府を目指してきた。保守の人にはそこに大きい小さいがないのですが。僕が違和感を覚えるのは「安倍さんはすべて正しい」みたいなことを言う人。保守の中にはある程度いる。でも、それは違う。やはり、今のままではダメです。自由放任になってしまって経済的な格差が広がっている。それではいけないと旧民社党の人はかなりの部分がそう思っているんじゃないでしょうか。

――新自由主義的なモノですか。

荒木氏　そうです。民社党も一時期、福祉政策の見直しが必要だと主張していたことがあります。福祉も行き過ぎてしまうとよくないと。しかし、こういう時代になると、もう一度見直さなくてはいけないと思うんです。

インタビューは五年ほど前。筆者はその頃、ウェブの朝日新聞『論座』で「日本会議と共闘する労働戦線は、どう作られてきたか」を連載していた。本書巻頭で述べたように、日本会議などの保守派の組織、運動の中で民社系の人々をたびたび見かけたことが、彼らに関心をもち、取材を始めた理由だった。

傍目《はため》には右派・保守派と同質化、一体化して見えながら、荒木氏が自らの思想信条を「社会主義」「民主社会主義」だと言ったように、冒頭で紹介した新しい歴史教科書をつくる会の高池勝彦会長も同じことを言っていた。そこを矜持としていることが、筆者の目には新鮮に映ったのである。

この間、民社系の人々をたくさん取材した。機関誌の類いも読み込んだ。ゆかりの人が数多く眠る多磨霊園や、田久保忠衛氏のルーツだという水戸藩士らの墓所。三島由紀夫が茨城大で講じたティーチ・インの記憶を調べて回ったりもした。

そうしたことを含め、運動を続けている、いないにかかわらず、民社系の人々には「民社党は小さな勢力に終わったが、我々の主張はすべて国是となった、我々は勝った」と話す人の割合が多かったことが印象的だった。民社のＤＮＡ、遺伝子を語る人が多かった。

友愛労働歴史館によると、「民社党の志」「民社の遺伝子」とは、弱肉強食の経済を打破し、貧困と不条理をなくす理想がその歴史を貫いているのだという。そのために左右の全体主義に反対。自由と民主主義の政治実現をめざし、自由で民主的な労働運動の支援と、階級的労働運動の打破、現実的な平和主義の追求、日本の伝統の尊重・継承などが掲げられているそうだ。

本書では、そうした民社系の正史とともに、東京・石川島の自彊組合を起点とする愛国労働運動の流れを丁寧にたどったつもりである。鈴木文治らの総同盟の運動を、「誤れる外国思想におぼれ、翻訳的・猿マネ的な左翼思想にもとづく運動だ」と排撃した日本主義労働運動の流れは、労資一体を謳う産業報国運動の先駆・模範となった。

戦後、産報の看板を労働組合に掛け替えて再出発した彼らに、反共をたたき込んだのは、鍋山貞親ら戦前の共産党最高幹部だったことにも触れた。宇佐美忠信、金杉秀信ら同盟幹部がそこから巣立ったことは興味深い。

要するに民社系とは、キリスト教人道主義の社会民衆党・総同盟の系譜と、「闘う自由主義者」河合栄治郎門下と、獄中転向組の元共産党関係者、愛国労働運動に連なる勤労者が終戦直後の「革命前夜」、反共の旗の下に合流した一群。および、それに連なる人々であると書いたら単純化しすぎだろうか。

解党から三〇年がたった。歴代委員長、それに同盟の歴代会長はすべて鬼籍に入った。かといって、消えてなくなるようには思えない。「愛国の政治」は国政の場で、地方行政で、労働運動、国民運動で今後も紡がれていくに違いあるまい。

友愛労働歴史館、民社協会など、取材に時間を割いてくださったみなさまに深謝申し上げたい。また、さまざまなアドバイスを頂戴した明治学院大教授の石原俊さん、遅筆の筆者を辛抱強く待っていただいた中央公論新社の上林達也さんに格別の御礼を申し上げる。

二〇二五年一月

藤生　明

主要引用・参考文献

青木慧『ニッポン丸はどこへ行く』（朝日新聞社、一九八二年）
芦村庸介『労組幹部』（日新報道、一九七三年）
麻生久伝刊行委員会編『麻生久伝』（麻生久伝刊行委員会、一九五八年）
新しい歴史教科書をつくる会編『新しい歴史教科書を「つくる会」という運動がある』（扶桑社、一九九八年）
安倍源基『ひとすじの道』（新日本協議会、一九八四年）
天池清次『労働運動の証言』（日本労働会館、二〇〇二年）
荒木和博『内なる敵をのりこえて、戦う日本へ』（草思社、二〇〇六年）
荒畑寒村『左の面々』（早川書房、一九五一年）
有賀宗吉『国鉄民主化への道』（鉄労友愛会議、一九八九年）
石上大和『民社党――中道連合の旗を振る「責任政党」』（教育社、一九七八年）
石堂清倫・竪山利忠編『東京帝大新人会の記録』（経済往来社、一九七六年）
石堂清倫『続　わが異端の昭和史』（勁草書房、一九九〇年）
伊藤隆ほか編『現代史を創る人びと』第三巻（毎日新聞社、一九七一年）
伊藤郁男・黒沢博道編『民社党の光と影』（富士社会教育センター、二〇〇八年）
稲田朋美『百人斬り裁判から南京へ』（文春新書、二〇〇七年）
井上寿一『矢部貞治』（中公選書、二〇二二年）

宇佐美忠信『和して同ぜず』（富士社会教育センター、一九九八年）
楪本捨三『民社党十五周年史』（新国民出版社、一九七四年）
大内啓伍『われ、事に後悔せず』（大和出版、一九九五年）
大河内一男・渡部徹監修『総同盟五十年史』第一〜第三巻（日本労働組合総同盟、一九六四〜六八年）
大河内一男・松尾洋『日本労働組合物語』（筑摩書房、一九六五年）
大河内一男『暗い谷間の労働運動』（岩波新書、一九七〇年）
大河内一男『暗い谷間の自伝』（中公新書、一九七九年）
大畠章宏『平成政治奮闘記』（幻冬舎、二〇二二年）
大宅壮一『大宅壮一全集』（蒼洋社、一九八一年）
荻野登『平成期の労働運動』（日本生産性本部生産性労働情報センター、二〇二一年）
核兵器禁止平和建設国民会議『核兵器廃絶の叫び――核禁会議二十年史』（同、一九八二年）
葛西敬之『未完の「国鉄改革」』（東洋経済新報社、二〇〇一年）
葛西敬之『国鉄改革の真実』（中央公論新社、二〇〇七年）
春日一幸『祭政一致と王仏冥合と』（民社中小企業政治連合、一九七〇年）
加藤晋介『国労闘争団が闘い取ったもの』（いずみ橋書房、二〇一一年）
金杉秀信『労働運動　余聞』（水書坊、一九九九年）
金杉秀信『戦後労働史研究　金杉秀信オーラルヒストリー』（慶應義塾大学出版会、二〇一〇年）
上西朗夫『ブレーン政治』（講談社現代新書、一九八五年）
神野信一『神野信一講演集』（社会運動往来社出版部、一九三二年）
神野信一『日本主義労働運動の真髄』（亜細亜協会出版部、一九三三年）
気賀健三監修『総評のすべて』（高木書房、一九七六年）

気賀健三・中村勝範・弘津恭輔『暴露された共産主義の実態』(自由民主党、一九七七年)
気賀健三『民主的労働運動の経済学』(社労研、一九七八年)
原子力問題研究会編『原子力政策を衝く――民社党佐々木良作議員論集』(同、一九六八年)
公明党史編纂委員会『公明党50年の歩み』(公明党機関紙委員会、二〇一四年)
「国鉄労働組合70年史」編纂委員会『国鉄労働組合70年史』(国鉄労働組合、二〇一七年)
佐々木崇好『財界の新十二傑』(雪華叢書、一九五七年)
佐野博『三井三池の決戦』(日本政治経済研究所、一九六〇年)
産経新聞「教育再興」取材班『教育再興』(産経新聞社、一九九九年)
塩谷公夫『今も生きている民社党』(さんこう社、二〇〇六年)
鹿内信隆『泥まみれの挑戦』(サンケイ出版、一九七八年)
重枝琢巳『労働運動家 重枝琢巳の仕事』(生産性出版、二〇〇四年)
清水慎三『日本の社会民主主義』(岩波新書、一九六一年)
社会経済生産性本部『生産性運動50年史』(同、二〇〇五年)
鈴木文治『労働運動二十年』(一元社、一九三一年)
政研フォーラム労働運動史研究会『民主的労働運動の歴史』(政策研究フォーラム、二〇〇七年)
関嘉彦『社会思想史十講 改訂版』(有信堂、一九八〇年)
関嘉彦『私と民主社会主義』(日本図書刊行会、一九九八年)
全造船十五年史編纂委員会『全造船十五年史』(全日本造船機械労働組合、一九六五年)
創憲会議編『国を創る 憲法を創る――新憲法草案』(一藝社、二〇〇六年)
高橋史朗編『新しい歴史教科書誕生!!』(PHP研究所、二〇〇〇年)
高橋史朗ほか『新しい日本の教育像』(富士社会教育センター、二〇〇一年)

高橋彦博『民社党論――その理念と体質』（新日本新書、一九七二年）
高橋正則『回顧九十年』（富士社会教育センター、二〇〇五年）
田久保忠衛『激流世界を生きて』（並木書房、二〇〇七年）
田久保忠衛『目覚めよ日本』（明成社、二〇一七年）
竪山利文『遠交近攻』（東海大学出版会、二〇〇六年）
俵孝太郎『企業の中の共産党』（昌平社、一九七五年）
塚本三郎『内政干渉！　鄧小平を窘めた日本人』（人間の科学社、二〇〇五年）
塚本三郎『善知識の橋』（読売新聞社、一九九八年）
土屋清『エコノミスト五十年』（山手書房、一九八〇年）
寺井融『民社育ちで、日本が好き』（展転社、二〇一五年）
寺井融『裏方物語』（時評社、二〇〇七年）
中曽根康弘『天地有情』（文藝春秋、一九九六年）
中曽根康弘『自省録』（新潮社、二〇〇四年）
中野達雄・飯塚繁太郎『社会党・民社党』（雪華社、一九六八年）
中村菊男『労働運動の思想的背景』（文化新書、一九六四年）
中村菊男『戦後民主的労働運動史』（日刊労働通信社、一九六四年）
中村菊男先生追悼論文集刊行会編『現代社会主義論』（新有堂、一九七八年）
中村菊男・高橋正則編著『西村栄一伝』（富士社会教育センター、一九八〇年）
鍋山貞親『平和共存下の日共と組合運動』（世界民主出版部、一九五五年）
鍋山貞親『共産党をたたく12章』（有朋社、一九七三年）
西修『自衛権』（学陽書房、一九七八年）

日本共産党『民社党に問う』（同、一九七三年）
日本共産党『公明党と「第二民社党」路線』（同、一九七五年）
日本経済新聞社編『起死回生 ドキュメント日産改革』（同、二〇〇〇年）
日本文化会議編『日本の知識人』（PHP研究所、一九八〇年）
芳賀綏『中地熊造伝』（「中地熊造伝」刊行会、一九八一年）
原田三朗『臨教審と教育改革』（三一書房、一九八八年）
PHP研究所編『土光敏夫 信念の言葉』（同、一九八六年）
久谷與四郎『日本の労働運動100年』（富士社会教育センター、二〇一七年）
土方成美『事件は遠くなりにけり』（経済往来社、一九六五年）
法政大学大原社会問題研究所編『日本の労働組合100年』（旬報社、一九九九年）
穂積五一『内観録』（穂積五一先生追悼記念出版委員会、一九八三年）
堀幸雄『最新右翼辞典』（柏書房、二〇〇六年）
本田一成『写真記録・三島由紀夫が書かなかった近江絹糸人権争議』（新評論、二〇一九年）
牧原出『田中耕太郎』（中公新書、二〇二二年）
松沢弘『フジサンケイ帝国の内乱』（社会評論社、二〇〇五年）
三島由紀夫『文化防衛論』（ちくま文庫、二〇〇六年）
三井鉱山『資料 三池争議』（日本経営者団体連盟、一九六三年）
民社協会十五年史編集委員会『民社の志を伝え続けて』（民社協会、二〇一一年）
民主社会主義研究会議編『日本の設計』（読売新聞社、一九七一年）
村尾次郎監修『新編日本史のすべて』（原書房、一九八七年）
村松喬『教育の森』第一〜第一二巻（毎日新聞社、一九六五〜六八年）

森光繁『神野信一伝』（愛媛先賢叢書、一九四一年）
森本真章・滝原俊彦『疑問だらけの中学教科書』（ライフ社、一九八一年）
矢次一夫『昔の労働争議の思い出』（国策研究会出版部、一九五六年）
湯浅博『全体主義と闘った男 河合栄治郎』（産経ＮＦ文庫、二〇一九年）
吉田豊『立正佼成会』（百泉書房、一九七一年）
労働組合研究会編『同盟 総評に対抗する労働組織』（三一新書、一九六八年）
蠟山政道『「共産党宣言」批判』（明治書院、一九四九年）

民社系　関係年譜

一八九七年	労働組合期成会発足
一九〇〇年	治安警察法
一九〇一年	社会民主党結成・即日禁止
一九〇四年	日露戦争勃発
一九一〇年	大逆事件　韓国併合
一九一二年	大正改元　友愛会結成
一九一四年	第一次世界大戦勃発
一九一七年	ロシア革命
一九一八年	米騒動　黎明会・新人会結成
一九一九年	協調会設立
一九二〇年	国際連盟設立　森戸事件
一九二一年	友愛会が日本労働総同盟（総同盟）に改称
一九二二年	日本共産党結成
一九二三年	関東大震災
一九二五年	治安維持法
一九二六年	昭和改元　社会民衆党結成 石川島自彊組合設立
一九二八年	第一回普通選挙　三・一五事件
一九二九年	世界大恐慌発生　四・一六事件
一九三一年	満洲事変
一九三二年	五・一五事件　社会大衆党結成
一九三三年	滝川事件
一九三五年	天皇機関説問題
一九三六年	二・二六事件　全総結成
一九三七年	日中戦争勃発
一九三八年	産報運動開始　河合事件
一九三九年	第二次世界大戦勃発
一九四〇年	新体制運動 大政翼賛会・大日本産業報国会 総同盟・社大党解散

一九四一年	太平洋戦争勃発　企画院事件
一九四五年	終戦　国際連合設立　労働組合法 社会党結成
一九四六年	公職追放　総同盟・産別会議 社思研設立
一九四七年	新憲法施行　冷戦開始 二・一ゼネスト中止　片山内閣誕生
一九四八年	日経連設立・教科書検定開始
一九四九年	下山事件など　森戸・稲村論争
一九五〇年	朝鮮戦争勃発　レッドパージ 総評結成
一九五一年	サンフランシスコ平和条約調印 社会主義インター結成
一九五二年	占領解除
一九五三年	海員・全繊などが総評脱退
一九五四年	第五福竜丸事件　全労会議結成 自衛隊発足
一九五五年	五五年体制成立　社会党統一・保守合同　日本生産性本部設立　春闘スタート
一九五九年	西尾除名問題・北朝鮮帰還事業開始

一九六〇年	三池争議　新安保条約 民主社会党結成　◎西尾委員長
一九六一年	核禁会議発足
一九六二年	キューバ危機
一九六三年	部分的核実験禁止条約
一九六四年	東京五輪　同盟結成 ＩＭＦ‐ＪＣ結成　公明党結成
一九六五年	日韓基本条約
一九六七年	革新都政　◎西村委員長 民社学同結成
一九六八年	鉄労結成　エンプラ闘争
一九六九年	民社党に改称　創価学会の言論出版妨害問題
一九七一年	ドルショック　◎春日委員長 国鉄「マル生」中止
一九七二年	日中共同声明　沖縄返還
一九七三年	第一次石油ショック 社会経済国民会議発足
一九七六年	ロッキード事件
一九七七年	◎佐々木委員長
一九七八年	栗栖統幕議長更迭

一九七九年	公民両党が中道政権構想合意・元号法施行　第二次石油ショック
一九八〇年	栗栖が参院選落選
一九八一年	第二臨調
一九八二年	中曽根政権　反核運動
一九八三年	国鉄再建監理委員会設置・行革審発足
一九八四年	臨教審発足
一九八五年	◎塚本委員長　スパイ防止法案提出 NTTとJT発足　プラザ合意 男女雇用機会均等法
一九八六年	撚糸工連事件
一九八七年	国鉄民営化　民間連合発足
一九八八年	リクルート事件
一九八九年	平成改元　連合結成 山谷が参院選落選　◎永末委員長
一九九〇年	◎大内委員長　湾岸戦争勃発
一九九一年	ソ連邦崩壊
一九九二年	PKO協力法成立　JR連合結成
一九九三年	細川連立政権に民社党参画　新間事件
一九九四年	民社研が政策研究フォーラムに改称・自社さ政権　◎米沢委員長 民社党解散、新進党合流
一九九五年	阪神・淡路大震災
一九九六年	民主党結成
一九九七年	つくる会・日本会議結成　山一・拓銀破綻
一九九八年	救う会結成　民主党と新党友愛合流
一九九九年	国旗国歌法成立　自自公連立政権発足
二〇〇一年	米同時多発テロ　中央省庁再編
二〇〇二年	サッカー日韓W杯　小泉訪朝
二〇〇三年	イラク戦争　民主党と自由党合流 特定失踪者問題調査会設立
二〇〇四年	小泉再訪朝
二〇〇五年	郵政選挙　稲田が衆院初当選
二〇〇六年	第一次安倍政権　教育基本法改正 山谷首相補佐官に
二〇〇七年	昭和の日制定　国基研設立
二〇〇八年	リーマンショック
二〇〇九年	民主党政権成立　河村名古屋市長就任
二〇一〇年	JR不採用問題政治決着

二〇一一年	東日本大震災
二〇一二年	第二次安倍政権
二〇一三年	特定秘密保護法成立
二〇一四年	核禁会議が核兵器廃絶・平和建設国民会議に改称
二〇一五年	安全保障関連法成立　田久保日本会議会長就任
二〇一六年	民進党結成　稲田防衛相就任
二〇一七年	希望の党結成　立憲民主党結成
二〇一八年	国民民主党結成
二〇一九年	令和改元
二〇二〇年	コロナ禍 新「立憲民主党」と新「国民民主党」で再出発
二〇二一年	東京五輪　芳野連合会長就任
二〇二二年	安倍元首相銃撃事件 ロシアがウクライナに侵攻
二〇二三年	矢田が首相補佐官就任
二〇二四年	衆院選で国民民主党が躍進。「一〇三万円の壁」をめぐり、与党と協議
二〇二五年	参院選

民社党と民社協会

【民社党委員長】

西尾末広（1960〜67）
西村栄一（1967〜71）
春日一幸（1971〜77）
佐々木良作（1977〜85）
塚本三郎（1985〜89）
永末英一（1989〜90）
大内啓伍（1990〜94）
米沢隆（1994）

【民社協会会長】

米沢隆（1995〜2005）
田中慶秋（2005〜12）
川端達夫（2012）
高木義明（2012〜18）
小林正夫（2018〜23）
川合孝典（2023〜）

社思研／民社研・政研フォーラムを支えた人々

■社会思想研究会（1946年、創立時）：『社会思想研究会の歩み』（1962年）から

【理事】山田文雄、長尾春雄、木村健康、土屋清、石上良平、猪木正道、関嘉彦

■社会思想研究会（1956年、創立10周年時）：『社会思想研究』（1956年1月号）から

【代表理事】山田文雄、土屋清　【顧問】海野普吉、笠信太郎、蠟山政道

【理事】猪木正道、板垣與一、井伊玄太郎、音田正巳、木村健康、喜多村浩、北野熊喜男、気賀健三、塩尻公明、関嘉彦、長尾春雄、中川俊一郎、服部辨之助　【監事】江上照彦、尾崎雄一郎　【事務局長】土屋実

■民主社会主義研究会議（1960年、創立時）：『民主社会主義研究』（1960年4月号）から

【議長】蠟山政道　【理事】猪木正道、関嘉彦、土屋清、土井章、武藤光朗、中村菊男、和田耕作　【監事】波多野鼎、稲葉秀三

■社会思想研究会（1972年、解散時）：『社会思想研究』（1972年3月号）から

【代表理事】土屋清、関嘉彦　【顧問】蠟山政道、山田文雄、長尾春雄　【理事】碧海純一、板垣與一、猪木正道、伊原吉之助、内海洋一、江上照彦、音田正巳、片上明、北野熊喜男、木下和夫、木村健康、気賀健三、佐藤寛行、田久保忠衛、富山功、服部辨之助、三宅正也、武藤光朗、吉田忠雄　【監事】尾崎雄一郎、中川俊一郎　【事務局長】佐藤寛行

■民主社会主義研究会議（1972年、社思研解散時）：『改革者』（1972年6月号）から

【議長】関嘉彦　【顧問】蠟山政道　【理事】碧海純一、稲葉秀三、入江通雅、内海洋一、漆山成美、大島康正、大谷恵教、岡野加穂留、加藤寛、気賀健三、木下和夫、高坂正堯、小松雅雄、佐藤寛行、重枝琢巳、高木邦雄、竪山利忠、土屋清、土井章、中村勝範、中村菊男、西義之、野田福雄、芳賀綏、波多野鼎、原豊、堀江湛、丸尾直美、武藤光朗、村田宏雄、矢島鈞次、吉田忠雄、和田耕作、渡辺朗

■民主社会主義研究会議（1994年、民社研終了時）：『改革者』（1994年4月号）から

【議長】小松雅雄　【顧問】稲葉秀三、気賀健三、関嘉彦、武藤光朗、和田耕作　【理事】入江通雅、内田満、内海洋一、大谷恵教、加藤寛、兼清弘之、上條末夫、木村汎、慶谷淑夫、高坂正堯、重枝琢巳、鈴木肇、高木邦雄、田久保忠衛、中村勝範、野尻武敏、芳賀綏、林卓男、原豊、藤田至孝、堀江湛、丸尾直美、村田宏雄、村松剛、矢島鈞次、山口義男、吉田忠雄　【監事】高池勝彦、和田春生

■政策研究フォーラム（1994年、民社研から移行時）…『改革者』（1994年5・6月号）から

【理事長】堀江湛　【顧問】気賀健三、小松雅雄、重枝琢巳、関嘉彦、武藤光朗、村田宏雄　【常務理事】上條末夫、高木邦雄、田久保忠衛、原豊　【理事】岩井奉信、内田満、大谷恵教、柿木健一郎、加藤秀治郎、加藤寛、兼清弘之、木村汎、高坂正堯、小林良彰、佐藤欣子、島田晴雄、鈴木肇、高池勝彦、高嶋正紀、谷藤悦史、中村勝範、野尻武敏、芳賀綏、林建彦、藤田至孝、前島巖、丸尾直美、山口義男、吉田忠雄　【監事】富田信男、西修

■政策研究フォーラム（最近の執行部）…『改革者』（2024年8月号）から

【理事長】谷口洋志　【副理事長】中村まづる　【名誉顧問】谷藤悦史　【顧問】梅澤昇平、大岩雄次郎、岡本幸治、柿木健一郎、加藤秀治郎、鎌滝博雄、上條末夫、川野辺裕幸、佐瀬昌盛、寺井融、徳田孝蔵、永山泰彦、西修、浜谷英博、前島巖、宮坂幸伸　【参与】内堀良雄、郡司典好、坂田幸治、佐藤久恒、神宮洸寿、園田龍一、永瀬秀樹、増田光儀　【専務理事】中島徹　【常務理事】有賀誠、川崎一泰、清滝仁志、中村哲也、中村祐司、永山博之　【理事】安部文司、飯島大邦、池田実、池谷知明、石川幸德、井田正道、井上昌弘、石上泰州、梅﨑修、荻山市朗、織田正弘、門脇匠、加茂具樹、川上高司、河﨑健、河原地英武、桑原英明、後藤富士男、駒村康平、佐々木智弘、佐藤正治、佐藤伸行、佐藤丙午、島西智輝、高安健将、寺門勉、富﨑隆、永田尚三、名越健郎、丹羽文生、濱口和久、東裕、日野愛郎、藤川裕之、真下英二、増田正、町田雅彦、松浦昭彦、松浦一夫、眞鍋貞樹、壬生守也、矢尾板俊平、山崎元泰、吉野孝、吉野文雄、渡邊啓貴

藤生　明（ふじう・あきら）

ジャーナリスト。1967年埼玉県生まれ。91年、朝日新聞社入社。長崎支局、筑豊支局などをへて、AERA編集部へ。10年余り在籍し、記者・デスクとして石原都政、右派言論のほか、創価学会などの宗教分野を重点的に取材。新聞編集局に戻り、大阪社会部で「橋下現象」を取材した後、2014年から東京社会部で専門記者として「右派全般」を担当し、編集委員を務めた。23年、独立。著書に『ドキュメント日本会議』『徹底検証　神社本庁』（ちくま新書）がある。

反共《はんきょう》と愛国《あいこく》
──保守《ほしゅ》と共棲《きょうせい》する民主社会主義《みんしゅしゃかいしゅぎ》

2025年３月10日　初版発行

著　者　藤《ふじ》生《う》　明《あきら》

発行者　安 部 順 一

発行所　中央公論新社

〒100-8152　東京都千代田区大手町1-7-1
電話　販売 03-5299-1730　編集 03-5299-1740
URL https://www.chuko.co.jp/

ＤＴＰ　今井明子
印　刷　TOPPANクロレ
製　本　小泉製本

Published by CHUOKORON-SHINSHA, INC.
Printed in Japan　ISBN978-4-12-005890-5　C0031

既刊より

情報パンデミック
あなたを惑わすものの正体

読売新聞大阪本社社会部 著

米大統領選→コロナワクチン→ウクライナ侵攻、次々に連鎖していく陰謀論。誤情報をネットで流布する匿名の発信者を追い、デマに翻弄される人々の声を聞く――。高度化する〝嘘〟の裏側に迫るドキュメント。『読売新聞』長期連載「虚実のはざま」、待望の書籍化。

中央公論新社

既刊より

JRは生まれ変われるか

国鉄改革の功罪

読売新聞経済部 著

60万人を抱えた日本最大の組織は、国鉄改革から30余年を経た今、官と民の狭間で苦悶を続けている。人口減少、廃線ラッシュ、コロナの傷痕など……課題は山積。JR7社はそれらとどのように向き合い、いかに乗り越えようとしているのか。読売新聞経済部が総力を挙げて取材！

中央公論新社